写真家 秋山実による

降幡廣信の世界

発行／建築資料研究社
編集／建築思潮研究所

目次

はじめに　降幡廣信 ——— 4
降幡さんとの出会い　秋山実 ——— 5

作品紹介

石井邸／1970年 新築 ——— 8
中條邸／1971年 新築 ——— 10
薄井邸 離れ／1972年 新築 ——— 12
池田三四郎邸／1973年 移築再生 ——— 14
池田邸／1974年 新築 ——— 16
平野酒造店／1974年 再生 ——— 18
池田六之助邸／1975年 新築 ——— 20
旧中村家／1975年 復元 ——— 22
上問屋史料館／1976年 復元 ——— 24
江原邸／1977年 新築 ——— 28
大黒屋／1977年・1982年 新築 再生 ——— 30
福沢邸／1977年 新築 ——— 34
山田邸／1977年 再生 ——— 38
生野邸／1978年 再生 ——— 42
花織／1979年 再生 ——— 46
三村邸／1980年 移築再生 ——— 50
懶亭・ものぐさてい／1980年 移築再生 ——— 54
堀江邸／1980年 新築 ——— 56
萬翠楼 福住／1980年 再生 ——— 60

松岡邸／1981年 再生 新築 ——— 62
帯刀邸／1981年 再生 ——— 66
東石川旅館／1981年 新築 ——— 68
みなとや／1981年 新築 ——— 70
丸山邸／1981年 新築 ——— 72
有明美術館／1981年 新築 ——— 76
小澤邸／1982年 新築 ——— 78
草間邸／1982年 再生 ——— 81
武井邸／1982年 再生 ——— 84
安曇野山岳美術館／1982年 新築 ——— 88
大和邸／1983年 再生 ——— 90
藤城邸／1985年 再生 ——— 92
甘粕邸／1985年 再生 ——— 96
和田邸／1985年 再生 ——— 98
手塚邸／1985年 再生 ——— 100
清水邸／1985年 新築 ——— 102
千葉邸／1985年 新築 ——— 104
車家／1986年 移築再生 ——— 106
野上弥生子文学記念館／1986年 再生 ——— 108

曽根邸／1987年 再生	110
高木邸／1987年 再生	114
小手川商店／1988年 再生	116
新井邸／1988年 新築	118
小野邸／1988年 再生	122
ミサワゲストハウス／1989年／内装・茶室 新築	124
湯元 長座／1989年 移築再生	126
飯沼飛行士記念館／1989年 新築	130
田淵行男記念館／1990 新築	132
吉澤邸／1990年 移築再生	134
原邸／1990年 新築	136
塩尻短歌館／1992年 移築再生	138
御宿 まるや／1993年 新築	142
寿屋／1994年 再生	144
松月／1994年 再生	146
復活之キリスト穂高教会／1995年 新築	148
松宝苑／1998年 移築再生	150
岡本邸／1999年 再生	154
鈴廣蒲鉾本店／2001年 移築再生	158

藤助の湯 ふじや／2002年 移築再生	162
安曇野高橋節郎記念美術館 旧高橋家主屋／2003年 再生	164
冨士屋Gallery 一也百（なはやもも）／2004年 再生	168
石川醫院／2004年 新築	170
さやの湯処／2005年 再生 新築	172
丸山敏雄先生生家・天和会館／2006年・2008年 新築	176
料理宿 やまざき／2007年 移築再生	180
石井邸／2012年 新築	184
渡邉邸／2013年 再生	188
阿部邸／2014年 移築再生	192

*

【コラム】民家再生考	80
降幡廣信のみた世界	196
秋山実のみた世界	208
おわりに	220
著者略歴	222

はじめに

　1960 年、父の後、信州の小さい建設会社を引き継ぎました。31 歳のときでした。それから今日までの 59 年間、時代の変化のなか、多くのご縁をいただきさまざまな建物を設計させていただきました。その過去が鮮やかに思い出されます。

　その間、多くの写真家の方々のお世話にもなりましたが、そのなか、年齢も学校も同じで遠慮のいらない仲だったこともあって、1970 年 11 月の「田園調布下山邸」（『新しい住宅』実業之日本社、1971 年春号掲載）の撮影以来の長い付き合いが続いたのが、秋山実氏だったのです。その時々の私の仕事を正しく見守ってこられたことから、その記録は私にとって大切なものとなっていたのです。

　時々、記録に触れながらも、納得し反省し、また、教えられてきたことから、私にとっては記録であるとともに、大切な教材ともなっていたのでした。

　出会ってから今日まで 48 年間の私の仕事から、1,800 カットにも及ぶ場面を撮影し、大切に保存されていたのでした。そのなかには、時代に変化のない建築写真として、大切な意味を持つものも数多くあって、これをこのまま消え去らせてしまうことになっては惜しい、活かしてやることはできないだろうかという強い思いが、私と秋山氏の心に生まれて、出版の運びに至ったのです。

　この中の写真が、何かのお役に立たせていただけましたなら、写真とともに感謝感激です。

　最後に、つくらせてくださった家主の方々、工事に携わってくださったお一人お一人、そしてその場面を撮影してくださった秋山実氏に感謝を込めて捧げます。

降幡廣信

降幡さんとの出会い

　大学山岳部の先輩から「降幡に設計して貰った下山の家が出来たから、撮ってみないか」という話があったのは、1970年の秋に近づいた頃だったと思う。そのころ実業之日本社の一般向け住宅雑誌『新しい住宅』（季刊）の撮影をしていたので、早速、編集長の柴野国晃さんに伝え、その年の11月、下山邸の撮影で初めて降幡さんにお会いした。この住宅は1971年春号に掲載されたが、柴野さんは非常に感の鋭い方で、降幡さんと初めてお会いしたその日に「本を出したい」との提案をされた。そして何軒もの撮影をして、1972年2月に単行本『和風住宅』が出版されたのだった。

　前述の先輩は、青山学院専門学校建築科で降幡さんの一年上級生。降幡さんについて、写真が上手く山の写真がカレンダーに使われたらしい、という話を聞いていた。また、下山さんも山岳部先輩であった。ただ、新制大学になった翌年の1950年、青学の工学部は関東学院大学と合併されたため、学生は大きなショックを受け、降幡さんも関東学院大学へ編入という苦い経験をされた。

　その後も降幡さんの作品は『新しい住宅』に掲載されたが、1977年5月号で休刊が決まったため、その少し前から繋がりができた建築思潮研究所にご紹介し、専門誌『店舗と建築』1977年秋号に7軒の店舗と住宅が、『住宅建築』には1978年1月号で6軒の住宅が掲載された。そして取材には建築思潮研究所の故・立松久昌さんが同行されて掲載が続いた。

　降幡さんの民家再生の一貫した設計が認められて1990年の日本建築学会賞受賞に繋がるのだが、受賞を祝う会の案内状に「地方にあって地道に取り組み再生に関する新しい方法を確立した姿勢が　高く評価されたものです」と書かれていた。

　降幡さんの再生工事は、建物が大き過ぎる場合は不要部分を切り取り、基本的には建物を一旦持ち上げてコンクリートの基礎工事をした後、下ろして定着させる。民家は隙間風が入って寒いので窓や引戸などはアルミサッシュに、また、一番遅れていた設備関係を新しくすることによって住み心地を良くしている。

　そして、自然のままの梁や小屋梁、繋ぎ梁などを見ると、それが真っ黒であっても、とても心が癒されるのであった。

　工事が始まって初めて直面する問題点も多かったと思うが、それを一つひとつ解決されて民家再生の手法を確立されたのだと思う。

　人の繋がりとは不思議なもので、実業之日本社の柴野さんは、私の山岳部同期で大学3年のとき、穂高岳で遭難死された柴野栄一君の弟であった。いろいろな方との巡り会いもあり、降幡さんと50年近く、ご一緒に気持ち良く撮影を続けてこられたことは幸せであったし、こうした一つひとつの出会いをこれからも大切にしてゆきたいと思う。

　なお、今回改めて昔の写真を見直したが、画面の切り取り方に気になるカットが幾つもあり、反省材料となった。
　　　　　　　　　　　　　　　　　　　秋山実

下山邸

作品紹介

松本梓川・山田邸

　信州の歴史ある神社の宮司である山田さんは、ご自分の神社に大きな誇りをもっておられた。そのために、神社の脇につくりかえる住宅への思いは計り知れないものがあった。最も大切と考えていたことは、歴史ある神社との調和とそこに漂う気品である。そのために、神社に向く正面の決定には長い年月を要したことが思い出される。そのなかから、この地の特徴的民家で、日本の代表的民家の「本棟造」の外観を現代的にまとめる方法で落ち着いた。「本棟造」の特徴である、切妻大屋根は変わらないが、正面との調和を計り、宮司さんのお住まいとして違和感のないものとしたのだった。

降幡廣信の世界　7

石井邸
1970年 新築
神奈川県三浦郡葉山町

　ここは、神奈川県葉山町、純粋な江戸っ子の石井さんは海外との縁が深く、海外に出向いたり、また外国のお客様を迎えたりすることが多かった。そんななか、都心の喧噪から逃れて自然豊かな場所で生活し、お客様にも喜んでいただこうと考えていた。

　それを実現したのが、ここ葉山町の高台の新しい住宅です。南西から西にかけて相模湾が開け、手前に葉山町の家並みが望まれる展望絶佳の地で、どなたからも喜んでいただける場所です。

　そこに庶民的な日本人向きの生活の場に新しい感覚が漂う住まいが、石井さんのお住まいにも適していると思い実現したのです。

左頁／玄関
上／和室の床の間を見る
下／外観

降幡廣信の世界　9

中條邸

1971年 新築
長野県松本市浅間温泉

　場所は信州・松本市浅間温泉。表の温泉街を一寸裏へ回ったこの辺一帯は、静かに落ち着いた住宅街。近くには野球場や、緑の空地も多く、しかも遠く西には北アルプスが、近くには穏やかな東山が四季こもごもの趣を豊かに提供してくれる恵まれた環境です。

　中條さん夫妻は、日本的な美をこよなく愛し、さらに新しい美を求めておられる方でもありますので、そんな中條さん一家が満足して楽しく生活できる住まいは、日本の美を備えているうえに、伝統的な和風住宅だけにとどまらず、さらに新鮮な和風住宅でなければなりませんでした。中條さん夫婦のご家庭では来客も多く、接客室の扱いも重要なポイントでもありました。

　敷地は東側が道路に接し、中ほどからかぎ形に折れ曲がった地形です。そのかぎ形に折れたところに塀を設け、前庭と内庭に面しているわけです。

　客室の南側にはアプローチがある関係上、客室とアプローチとの間に塀や植込みなどによる目隠しを設けるところでありますが、客間は一段上げて高殿とし、アプローチは一段下げることによる高低の差によって、アプローチを通る人の視線を避けることにしたのです。

　1階はパブリックスペースです。お客様には1階の応接室か、気分を変えて高殿の客間です。応接室は軽い気分の中庭に接して家族ともどものきやすい接客室です。改まった客には高殿の客室です。ここからは前庭や門やアプローチが鳥瞰的に望め、和風住宅と庭園との新しい構成を印象にとどめていただけたらと思ったのです。

上／アプローチから見る東側外観。手前に高殿の客室が見えている　　右頁／玄関

薄井邸 離れ
1972年 新築
長野県松本市

上／離れの北側外観
下／椅子席の応接室
右頁／離れの座敷から中庭を見る

　開業医をなさっている薄井先生は、松本市郊外の静かな落ち着いた、恵まれた環境の敷地の中、広い芝庭を挟んで診療所と自宅とを建ててお住まいでした。

　人命を預かる精神的に過酷な職業柄先生の心の緊張を和らげて疲れを癒すために、美しく手入れされた芝庭の中庭がたいへん役立っているのです。先生の住宅は、開放的な生活本位にできていて、来客のための落ち着いた部屋とか、一人だけになって静かに美しさに浸るという空間はありませんでした。もし一人だけで静かになれるところがあったとすれば、庭がそんな空間であったかもしれません。

　そこで来客のための部屋を設けて、さらにそこを先生と奥さんが愛好する美術品を鑑賞しながら時を忘れる場にしようとしたのでした。また、先生ご夫婦は心から日本の美を理解してもおられますので、和洋折衷方式の本屋に対して、離れの場合は純粋に日本の美が漂う、そんな佇まいと室内の雰囲気にしたかったのです。そして狭い庭を通して、主屋からも日本的な趣を味わうことができるよう配慮したはずです。

　室内では、続いていない二間を設け、様式を変えて（椅子式と座敷）双方の部屋の雰囲気をがらりと変えました。さらに使用する木材も、座敷では杉材を用いて落ち着きをもたせ、応接室は堅木の中では最も日本的で穏やかで清潔さが表現できると思われる塩地を用いてみたのです。この二つの全く違った材料と、違った様式の部屋によって双方の部屋のもつ個性を際立たせることにしたのです。

降幡廣信の世界　13

池田三四郎邸
1973年 移築再生
長野県松本市

　富山県八尾町の古民家を、現地瀬解体して移築再生した初期の事例。これにより、古民家解体業者との連携を確立して以降に繋がった。ここは松本民芸家具社長宅として多くの方々が訪れて、古民家を深く味わう良い見本となった。

上／居間
左下／全景
右下／軸組詳細
右頁／玄関ホール

降幡廣信の世界 15

池田邸
1974年 新築
東京都新宿区

　ここは、近くには有名な哲学堂があって緑の樹々が生い茂り、都会の喧噪をすっかり忘れさせてくれるかのような西落合の住宅街です。この落ち着いた住宅街にも、近年、和風瓦屋根の家並みに交じって、モダンな鉄筋コンクリート造りの住宅も目立つようになりました。この西落合にもう25年。すっかりこの地に根を下ろした池田さんも、還暦を迎えた機会に住まいを新しくつくり替えて、若返って人生の再出発をすることにしたのです。

　新築計画にあたっては、この街の変貌に合わせて鉄筋コンクリートの家も検討なさったそうです。しかし、この機会に日本の気候風土から生まれた和風住宅の伝統を次の時代に伝え、いささかでも日本の文化に役立ちたいという考えもあって、従来通りの木造和風住宅に落ち着いたとのことです。

　もちろんこの背景には、ご夫婦の日本の自然や芸術、職人の手仕事、等に対する理解の結果生まれてきた答えでもあるわけです。私も環境といい敷地の広さといい申し分なく、さらに池田さん夫婦のお考えに心を打たれ、日本の伝統を伝え、日本の文化に貢献できる内容にしたいと願ったのです。

上／アプローチから見る玄関廻り外観
右頁左上／応接室
右頁右上／茶室
右頁左下／玄関ホール
右頁右下／アプローチを見る

降幡廣信の世界　17

平野酒造店

1974年 再生
長野県塩尻市奈良井宿

古い家が軒を並べる木曽奈良井宿の中心的民家、平野酒店。ここの再生工事が宿場に力強さをもたらしたことが評価され、奈良井宿の再生工事が拡げられて、町並み保存の先駆けとなった。

上／道路側外観　右頁／土間から店を見る

池田六之助邸
1975年 新築
長野県松本市

　松本で代々呉服屋を営む池田さんは、かつての城下町に建ち並んだ、あの土蔵造りの家で育ち、そこで商売と生活をしてこられました。近年、鉄筋コンクリートのビルに建て替えて、上階で生活をしていたのです。しかし、生活内容が変わり、その住まいも次第に手狭になって、いよいよ池田さん一家の生活の器としては、根本的な問題の解決を迫られるにいたりました。そこで、今度は店舗と切り離して、別の場所へ住宅を新築することになったのでした。

　場所は信州・松本市街の北部。南に緩やかな傾斜をもつ理想的な住宅地です。かつて果樹園であったこの辺は、今日、次第に住宅街に変わりつつあります。

　この敷地は充分な広さがありますので、家の南側には将来庭園を計画することにしています。

　かつて「土蔵造り」「鉄筋コンクリート」双方の住まいの体験をもった池田さんが、鉄筋の住まいよりは、土蔵造りの中にあった「たくましい木材と厚い壁による落ち着きのある家」というのが心に残っているようでした。今回の設計にあたっては、土蔵造りの中の重々しさとまではゆかなくても、現代の和風住宅の範囲内で、軽くなく、薄くなく、神経質でない住まい程度で我慢していただくことになりました。

　さらに、商売柄、和服での生活が多いことと、和服の啓蒙を進めるうえからも、"和服が美しく映える"優しさの漂う、純日本的な住まいに是非したいと思ったのです。

　具体的には、外観は瓦葺きの大屋根にして大らかな佇まいに、内部は、木、土壁、畳、紙などの使用された素材の個性を最大限に引き出して、簡素で清潔な日本建築の特質が少しでも出せればと考えました。

　なお、木材を豊富に使用しながら優しさを醸しだすために、壁、天井などに鳥ノ子（襖紙）を使用してみました。

左頁上／玄関廻り外観
左頁下／庭から見る全景
左上／玄関
右上／茶室
下／玄関ホール

降幡廣信の世界　21

旧中村家
1975年 復元
長野県塩尻市奈良井宿

奈良井の宿場にあって、古い商家の体面を保ってきたのだったが、建物の老朽化が目立ち、宿場の近隣の家々との調和を保つために復元工事が行われた。

上／道路側外観
下／座敷から通りを見る
右頁／囲炉裏の間を見る

降幡廣信の世界 23

上問屋史料館
1976年 復元
長野県塩尻市奈良井宿

左頁／通りに面した格子を見る
上／囲炉裏の間から座敷を見る

かつて奈良井宿には上、下二軒の問屋があって、お上から宿場における馬や旅籠や人足の管理運用を任されていた。

ここ上問屋も代々問屋を務めていたが、明治以降は一部を郵便局として使用していた。また、1880年（明治13）には明治天皇の御在所となったこともあって、部分的にかなり改造が行われていた。

1973年、復元整備計画の話があって参上したときには、まだ郵便局の姿のままで、宿場の町並みの一隅に、ペンキ塗りの明治の洋館建築のアンバランスな姿をさらけだしていた。

復元にあたっては、町並みとの調和を優先して考えた。

左頁／2階廊下
上／中庭を見る

江原邸
1977年 新築
長野県松本市

　お仕事を成功され、美の世界に高い見識をもたれ、知名度の高い江原さんに、お住まいの設計を依頼されたのは1975年だった。計画成功のためには、江原さんに相応しい、美に対する見識をもつ必要を感じた。それがないと打ち合せにおいて想いが通じ合わないことを知ったからだ。

　そのことによって、想像していなかった日本文化の深部を学ぶ機会となって、今まで知らなかった美の世界を知ることができた。その結果、私にとっての新しい「和風住宅」が完成した。

上／玄関ホール
下／玄関廻り外観
右頁上／応接コーナー
右頁左下／玄関からホールを見る
右頁右下／客間の床の間を見る

降幡廣信の世界　29

大黒屋

1977年・1982年 新築 再生
岐阜県中津川市馬籠

　大黒屋は、木曽馬籠の造り酒屋である。正面軒下の大きな杉玉からはその歴史がしのばれる。

　1975年、大黒屋の御主人・大脇修二さんからご相談をいただいてお伺いしたとき、たいへん緊張したことを思い出す。

　大黒屋の外観は、旅行ガイドブックのグラビアで紹介されているうえ、隣が島崎藤村の生家の馬籠本陣であり、谷口吉郎先生が設計されていることからだった。

　ご相談は大黒屋の土屋前の空地に、小さい茶房をつくりたいということであった。大きい建物ではないことだから、近隣の建物には影響が少ないことが考えられる。しかし、この場所の喫茶店は、小さくても責任の重さが感じられた。まかり間違えば、たいへんな汚点をこの場所に残すことになりかねないからだ。

上／通りから見る全景
右頁／茶房の客席
32頁／入口上部の屋根に掛かる杉玉。大脇の暖簾がかかる入口
33頁／囲炉裏の間から座敷を見る

　1977年茶房が完成し、その営業も軌道に乗っていた。それ以前からも大脇さんの頭から離れなかったのは、「主屋」のことだったと思う。観光の木曽馬籠の顔であったが、その内容を知っていたのは一抹の不安からだ。

　それは1985年の火災により馬籠の八割は焼失し、江戸の宿場の面影が失われた直後、急いで建てた仮屋であった。そのことから80余年の風雪にさらされた廊下の様を日常見せつけられて、「この家は火災直後の仮屋だ。一刻も早く、本格的なものにしたい」という祖先の思いをそのまま受け継いでいたと思われるからだ。一方、我々が見たその姿には、木曽の歴史を受け継ぎ長い歴史をもった家に見えて疑わなかったし、この場になくてはならない姿として見えていた。

　しかし、大脇さんから主屋への想いと、つくり替えの決意をお聞きしたとき、やはりそうなのかと納得してその思いを信じた。設計に当たっては、現存の建物を手本に、歴史を伝えながらも、そこに現代的機能を備えたものを目指した。

降幡廣信の世界 33

福沢邸
1977年 新築
長野県松本市

　松本で神職を務める福沢さんのお住まいは、緑豊かなゆったりとした敷地と相まって、いかにも由緒ある家の雰囲気をもっておられた。

　今回改築されることになった母屋は、すでに長い歴史の中で、その目的を充分に果たし終え、寿命も限界に達し、あたかも新たにつくり替えられる日を待つかのような、佇まいでありました。

　その母屋は戦後増築された住居部分を西側に、また、東には社務所とも連係をとらねばならぬ使用目的上、概ね旧態を引き継ぐ結果となりました。

　俗に、家は住む人の顔だと申されます。家には住んでいる人の考えや、好みや、人柄までも現わされるといういうのです。

　福沢さんに相応しい住まいは、外観にも、内側にも、清潔さと品位を兼ね備えたものであらねばなりませんでした。しかし、これは和風住宅の特徴そのものであったわけです。その点、なんの迷いもなく安心して、純和風につくりあげることができました。

　また、今回の改築部分は、家の顔であるべき玄関、そして福沢さんにとって大事な客間、また家庭の中心である居間、食堂、厨房と、まさに母屋そのものでありました。

　家の顔である玄関は、品位を第一とする客用の正玄関と、家族が気安く出入りできる内玄関とを設け、福沢さんの住まいに相応しい雰囲気を醸す配慮をしました。南面に並ぶ茶の間や厨房も、人目につきやすい関係上、狐格子を入れながら、佇まいを整えてみました。

34頁~35頁／アプローチから見る外観
上／和室
右頁上／玄関ホールから外を見る
右頁下／玄関上り框詳細

降幡廣信の世界　37

山田邸
1977年 再生
長野県安曇野市豊科

　日本の集落には、その昔、その土地と深い関わりをもってつくられた美しい庶民の家が、数多く見受けられます。これらの民家が、100年以上も生きて、今なお余力あるたくましさと、見る人の心を強く打つ魅力とを備えている姿を見るにつけ、その生命の長さに、今更ながら驚かされるのです。

　一方、現代の庶民の家の耐久性や、その魅力を思い浮かべるときに、いかんともし難い生命の短さを感じてしまうのです。これは、時代のもたらしめるところでありましょうが、民家は、先人の汗と叡智の結果により、虚飾を排し、実用に徹しながら、最小の費用で最大の効果を上げるつくりをしてきました。そしてそれが耐久力において、また美しさにおいて、時代に左右されない生命の長さを保つ原因になっているのです。

　しかし、こんな民家でありながら、現代の住まいとしては、生命の長い耐久力や美しさだけでは存在価値もなくなってしまいました。

　民家は冬暖かく、夏は涼しく、そして便利であってほしいという時代の身体の要求を満たし得ないうえ、長い年月を経ための修理費の必要があったりすると、当然厄介もの扱いにされ、次第にその数を少なくしてまいりました。

　しかし、身体の要求する便利さや温かさは、昨今の機械力や設計技術力によって、たいへんに得やすい時代になりました。反面、心に安らぎを与え、真の心の要求を満たすものは昨今容易に発見できず、また得られにくい時代になったようです。しかし、その心の要求を満たすものが、あの厄介者の民家の無駄そうに見えるその空間に潜んでいるのです。

　民家の不便さや寒さを解消することは比較的可能なことですが、現代の住まいに民家の中に秘めた心の安らぎを盛り込むことは不可能に近いことかもしれません。

　私は、自然と融和した素朴で健康的な民家の後に、厚化粧で非健康的な文化住宅が、自然に背を向けて建つ姿を見るにつけ、大事な日本人の文化遺産を失った寂しさを禁じ得ない一人です。

　民家に住んでいた大方の人々は、何らかのかたちで家に手を加えながら、現代の住まいに近づける工夫をされておりますが、適切な方法がなされていないためか効果が上がらず、さらに民家を生き返らすに至る工法を発見できぬとか、あるいはその工法の結果に確信をもてぬために、最終的にはつくり替えを余儀なくされることが多いのです。

　これは一般に、民家に住んでいる当人が、民家の真価を認識されていないことや、一方、業者側は苦労が多く、採算に乗りにくい改造工事を敬遠し、新しくつくる方向に進みがちだからです。

　安曇野に生を受けた山田邸も、この近在においては、他の追従を許さぬ風格をもった民家でした。

　山田さんも民家をもった他の方々と同じ経過をたどり、同じ悩みをもっておられたのです。そして昨今の文化住宅に羨望の念をもちながら、家族会議を開いたことも数多くあったようです。

　しかし、長い生活と民家に対する高い認識のうえにたって、家と人との間にむすばれた断ち切り難い絆を知ったとき、山田さんの心は修復の決断を下され、強い熱意に燃えました。

　縁あって、山田さんの修復工事に携わり、先人の確かな仕事に触れたとき、たとえ苦労は多く、報いは少なくても、ないがしろな仕事では済まされぬ厳粛なものを、工事関係者は一様に感じたのです。

　生まれ変わった民家、そこに人の心はなくても、逢うたびに、不治の病から立ち上がった人がもつ生きる喜びを私は感じるのです。

38頁／外観
39頁／土間から座敷を見る
左頁／田んぼ越しに見る全景
上／続き間を見通す

生野邸

1978年 再生
長野県松本市

左頁／アプローチから見る外観
上／玄関廻り

降幡廣信の世界 43

　生野家は松本の郊外にあり、そこは今も農地もあり民家を見かけますが、それぞれを大切にし、生活されていることがうかがえます。その理由は、上質の民家が多いからです。

　そのなかでも、とくに目立つのが生野家でした。堂々とした落ち着きがあるうえ、和風住宅と共通したところが多くある、人気の「本棟造」の民家でした。さらに、上質な木材を多く用い、職人が誇りをもって仕事をしたことがうかがえるのが生野さんの家でした。

　再生工事を経て、美しくて住みやすい家に生まれかわり、注目を集めております。

上／土間から寄付きの間を見る
右頁／寄付きの間から土間を見る

44

花織
1979年 再生
岡山県倉敷市

　岡山県倉敷は、白壁と黒の瓦による土蔵の街として人気があります。そこは、現代の建物と違って、人の手による手づくりの美が人を惹きつけているのです。
　メイン通りに面している3棟と、裏通りに連なる2棟の古い土蔵を店舗にするために再生しました。
　その結果、今は街の中心的建築物となって、人の集まる場となっています。

上／道路側全景
右頁／土間から店舗を見る
48頁／土間から小座敷を見る
49頁／2階客室（床ジュータンに椅子式）

三村邸
1980年 移築再生
神奈川県横浜市

左頁／居間・食堂から玄関土間を見る
上／玄関廻り外観
下／傾斜地に建つ
52頁／囲炉裏の間
53頁／柱梁詳細

降幡廣信の世界　51

　横浜に住んでおられる三村さんは、甲府のご親戚の民家が取り壊されることを知り、だいぶ先に予定していたご自分の家の計画をどんなに早めても、その家を使いたいと考え、私の家まで相談に来られたのです。今も思い出されるほど暑い夏の午後でした。

　この民家は櫓造りという甲府地方に多い茅葺きの民家で、長い歴史を感じられるものでした。使用されている木材に、一目で分かる歴史と風格が感じとれました。

　お住まいになる三村さんは、新進気鋭のグラフィックデザイナーであって、三村さんご夫婦はいかにもモダンな生活がお似合いとお見受けしました。とても古い民家と現代的生活をどう調和させるか思案した結果、意外な良い効果が得られ、多くの方に好感を与えています。

　今回は、三村さんにこの写真集の表紙をデザインしていただきました。

降幡廣信の世界　53

懶亭・ものぐさてい
1980年 移築再生
長野県松本市

　もう40年ちかくも前になる。1980年だった。新潟の山村で主を失って取り残されたたくましい民家の、当時の寂しげな姿が思い出される。今は元気に松本市の郊外の国道に面して、多くの来客を受け入れている。

　当時新潟の近隣に同じ立場にあった民家を何軒も見かけたが、それらの民家は今どうしているだろう。

　幸いにもこの民家は、豪雪地帯の山村にあったから、茅葺き屋根でたくましい木材が巧みに組み立てられていた。

　その豊かな構成美の魅力が、屋根のある外観をも、内部も構成して、来客を喜ばせてくれている。

　とくに、都会の人々にとっては、どんなに力になっているかしれない。

上／そば処「懶亭」の正面全景
右頁／囲炉裏席のある土間

降幡廣信の世界 55

堀江邸
1980年 新築
長野県松本市

左頁／アプローチから見る外観
上／玄関土間
58頁／続き間の座敷を見る
59頁／正面外観

降幡廣信の世界　57

　松本市の郊外に長い歴史をもって住んでおられた堀江さんのお住まいは、隣近所にまだ残っている何軒かの民家とともに、落ち着いた雰囲気の集落を形成していました。そして、その何軒かは、堀江さんの住まいと同じ本棟造りで、なかでも堀江さんの住まいは最も古く見受けられました。

　堀江さんは、近所で行われた民家の再生をご覧になり、再生の希望をもっておられました。しかし、あまりに古いものであったため、これから先長く住まいとして耐えるものにするには、新築と等しい工事をすることになり、むしろ新しくつくり替えをすることの方が有利である、という結論に達しました。

　ただし、堀江さん一家は、長くて深い家との関わりのなかで、その古い家に特別の愛着をもっていたのです。そんな堀江さんの気持ちを満たし、周囲の環境にも調和させるために、本棟造りを踏襲した接客のスペースを設けて、その後に2階建の生活の場を取り付けるかたちをとりました。

降幡廣信の世界　59

萬翠楼 福住
1980年 再生
神奈川県足柄下郡箱根町

左頁／ロビーの客室入口　　上／２階客室

　箱根湯本の名門旅館である。創業1625（嘉永2）年。江戸時代の浮世絵にも、箱根は福住で表わされている。
　湯本の駅から近くて行きやすいところで、山と川に囲まれている。
　先代の御主人福住修治さんは、立教大学山岳部ＯＢで、立教大学山岳部の山荘を設計したことから知り合った。
　福住のロビー・客室を1982年改装させていただいてから、今日までお付き合いが続いている（東京事務所）。
　1988年国重要文化財に指定され、建物の重要さが増していて、重い責任を感じている。
　左頁の写真はロビーに面した壁面である。火災に対しての配慮から、伊豆石を用いた壁面がきれいにデザインされていた。補修にあたっては、伊豆石が手に入らなかったため、一部大谷石を使った。

降幡廣信の世界　　61

松岡邸
1981年 再生 新築
長野県松本市

　古い地方都市の表通りは現代的に変わっても、場所を外れたり、一歩奥に入れば、そこには昔の歴史をそのままにした佇まいが残っていて、そこにある建物や雰囲気にかたずをのむことがあります。

　ちょうど、松岡邸もそんな感じの古い屋敷でありました。場所は松本市の中心部に近いところですが、そこは昔の古い町並みの名残りをいくぶん留めている通りでした。

　正面の主屋は、戦前のしゃれた擬洋風の2階建医院建築です。そして、当時の流行が偲ばれるとともに、今見てもモダンな味わい深いデザインと、確かな仕事の建築で人目を引いておりました。そして、その奥の屋敷の様子は想像のできないものでした。

　そこには古い昔の住宅や、幾棟もの古い土蔵造りの蔵が棟を連ねておりました。それらの建物はすでに寿命がきていて、一棟の蔵を除けば他はすべて取り壊しても未練のないものになっておりました。

　そこで、今回は正面の主屋と一番奥の一棟との間に新築をしながら、模様替えをほどこした蔵と一体とした新しい生活空間を計画したのでした。

　今までの玄関は、医院と住宅と共通であったものを今回は、住宅の入口を裏側の道路からとし、土蔵造りの玄関を設けて、新しい松岡邸としたのです。

　しかし、土蔵造りについては、しっかりしているとは言っても、結構傷んでおりました。こういうものを甦らすのは建主の理解があって可能なことです。さらに、国際感覚を身につけて、広い視野に立ってものを見、ものを考えておられる松岡さん夫妻の生活に対する高い要求が、新しい味のある生活空間の構成を可能にしたようです。

62頁／蔵を利用した応接室
63頁／南側外観
上／居間
右頁／蔵を利用した2階の書斎

降幡廣信の世界

帯刀邸
1981年 再生
長野県南安曇市

左頁／居間
右／玄関土間
下／玄関廻り外観

　帯刀(おびなた)さんのお住まいは、この地方の特徴のある民家として知られている本棟造りです。

　本棟造りは、板葺き屋根による大屋根の民家で、のびのびした屋根、そして柱・梁・榁・格子などのすべての直線が寸分の隙なく構成され、美しさだけでなく威厳すら感じる外観をもっています。

　帯刀さんの家も、先代や先々代によって増築や模様替えがなされ、間取りは大部変わっておりました。その家も昨今大分ガタがきて、希望する現代生活とのギャップに悩んでおられました。

　私は、取り壊してしまえば二度と取り返すことのできない貴重なものであることを進言し、新しい機能を盛り込ませて、現代の新築住宅とは違った内容の素晴らしい住まいになさることを提言しました。

　帯刀さんも快く賛成して修復に決まりました。ここに貴重な民家が一軒生かされることになったのです。民家が生かされるのも、捨てられるのも、住んでおられる方の考え方にかかっているのです。

降幡廣信の世界　67

東石川旅館
1981年 新築
長野県松本市浅間温泉

　かつて浅間温泉には、東石川と西石川の両旅館があった。道路に面して東側と西側に配されていたことから生まれた名称だろうが、西石川には古い土蔵が何棟も残っていたことから、西石川が本家であり、浅間温泉旅館を代表する歴史をもっていたと思われる。

　東石川の御主人、石川さんからの相談によれば、時代の変化のなか、後継者である娘さんも消極的であり、今までとは形態を変えて、企業にお貸しして使用料をいただくようにしたい。ついては、内外の印象を良くしたいということでした。

　そこで、正面に魅力をもたせて内外を一新したとろ、通りがかりの旅行者から、宿泊の依頼がかつてないほど多くなったり、消極的だった娘さんや近親者も、旅館を続けたいという考えに変わった。

　そこで、一部新築して内容を高めて、再出発に至ったのでした。

左頁／道路側外観
上／宿泊客のための食事処

降幡廣信の世界　69

みなとや
1981年 新築
長野県諏訪郡下諏訪

私が父に代わって家業を継いで数年後の1966年頃だった。ある日突然、初対面の方がお一人で、わが社である山共建設においでになった。

下諏訪にて、江戸時代中期から旅館を営んでいるという。その後何回もお会いするなかで話を重ね、「昔ながらの古い建物を、今どきの旅館らしくしたい」ということになり、1970年、中庭に露天風呂浴室を設けて評価を高め、岡本太郎氏や永六輔氏をはじめ、現在も一流文化人の定宿になっている。

最近も、『週刊朝日』のグラビアで文豪の宿として紹介された。

左頁／道路側外観
上／露天風呂

左頁／道路側外観
上／露天風呂

降幡廣信の世界 71

丸山邸
1981年 新築
長野県安曇野市豊科

上／南側外観
右／中庭
右頁／玄関から中庭を見る

　場所は信州、安曇野のある町の一隅です。近年までは、田畑が目立ったこの周辺にも、最近になって道路が開けて急に住宅が建ち並び、住宅団地の趣となりました。

　敷地は、西側正面と南側面とに道路をもった明るい宅地です。面積も172坪ですから、まあまあ十分でしょう。建主は歯科医。近くに先代からの医院と住宅があって、家族は時と場合によって双方を使い分けることにもなるようです。そしてご夫妻が、古い家ではかなえられなかった趣味豊かな洗練された生活を、ここで実現するための住まいでもあるのです。

　外観は地味でありながら、何気ない上品さが内側から漂うものが、ご夫妻にはふさわしいと考えました。趣味豊かなお二人ですから、お付き合いも多彩です。そんな中での来客を温かく迎え、楽しい一時を過ごし、喜んでいただけるために、接客空間にも重点がおかれました。そのため自然を愛するご夫妻の気持ちが庭を通しても現われることになったのです。

　アプローチには北側に落ち着きと、奥行きを利用して、来客を静かに迎えます。玄関を入れば家の中の狭い中壺（中庭）が、硬くなりがちな来客の心を、柔らかく和ませてくれるというようにです。

　そして、この中壺は玄関のホールに広がりと明るさをもたせ、応接室に奥行と落ち着きを与えることに役だっています。それと並行して、それぞれの接客空間は、窮屈にならないような意匠にしてあります。

　応接室は他の部屋と調和を図った和風の意匠のなかでの椅子式です。たとえ椅子式であっても、和風住宅の場合は、和風の意匠が似合います。

　客間は、南北の通風と、庭の景色を考えに入れての二間続きです。ここでも中壺によって奥ゆかしさを与える効果をねらっています。

　1階の奥は、家族の空間です。2階は主寝室と、家族の予備室となっています。

左頁／玄関へのアプローチを見る
上／和室の床の間を見る

降幡廣信の世界

有明美術館

1981年 新築
長野県安曇野市

　1981、京都の女性の松村英さんが、憧れの安曇野に住み着くことになりました。場所は大糸線安曇追分駅脇の道路を真西の北アルプスの方向に向かい、林の中の途中を北へ折れ曲った道路の東側。そこは、近くに学者村の別荘地もあるくぬぎ林の中で西前面に南北に走る道路があり、明るい敷地で面積500坪です。

　松村さんのお父さんは京都で美術商を営み、ご自身は劇団を主宰し、女優兼演出家として活動していました。ご自身、物心ついてからは、美術品を見て育った関係から美術に関心をもち、美術品を収集していたようです。そんなことから、好きな安曇野の雑木林の中へ、そこに似合った美術館を想像したのも理解できました。

　設計に当たっては、くぬぎ林の中の明るい清楚な美術館の外観をもち、内部は木造の木組みの豊かさを表現しながら、訪れた人々に安曇野の美術館に相応しい印象を持って帰っていただくことを願いつつ設計しました。

　1階、玄関ホール・展示室・喫茶室・ダイニングキッチン・和室（寝室）。2階、階段室・図書室・和室・洋室（共に客室）によって構成しています。

上／くぬぎ林の中に建つ外観
中／1階展示室
左下／2階洋室（図書室）
右下／喫茶室
右頁／玄関ホール吹抜け

小澤邸
1982年 新築
茨城県水戸市

右／玄関土間の吹抜け
右頁／囲炉裏の間

　ここは常陸野と呼ばれる水戸市郊外、緑豊かで物静かな所です。歯科医院をなさっている小澤さんは、お住まいをご自分の所有する広い栗林の中へ新築することになりました。待望の夢を実現するまでには長い年月を要しました。そして、途中いろいろの変遷がありましたが、最終的にはこういうところに落ち着いたということです。その間、旅をしながら触れた日本の民家から、そして巡り合った多くの人びとからさまざまなことを教えられたようです。

　その結果、機能本位で家庭の温かみに欠ける、現代の住まいにあきたらないものを感じ、たとえ幾分不便であっても、人と人との対話、人と物との対話のなされる温かい住まいが必要である、という考えになったのです。これは小澤さんが、人との対話、物との対話をこよなく愛し、親しんでいる方であればこそ当然の心境であると思うのです。

　そこで、玄関もただの出入口ではなく、また、ただの挨拶の場だけでなく、心と心の触れあいのもてる空間でありたい、庭に面した縁側もただの縁側ではなく、腰をかけながら隣近所の親しい人びととの会話を通じて心の触れあいの場でありたい、床の間のある客間では、格調高い対面が行われ、麗しい心の触れあいのもてる場でありたい。

　また、吹抜けのある居間は、その広がりのごとく、幅広く大勢の人びとと囲炉裏を囲んでの楽しい対話のもてる場でありたいと考え、さらに家の隅ずみに置かれる物とも楽しい対話のもてるそんな場にある住まいが小澤さんに相応しい住まいであるように思ったのです。

　外からは、むしこ窓や格子からもれる光を通して、人と人との対話、人と物との対話に行われる温かい家庭の雰囲気や、そこに住む人の人柄が偲ばれる、そんな外観が相応しいと考えたのでした。

　その庭は、型にはまった窮屈なものでなく、自由で明るい庭、そんなものがこの家の佇まいをなお一層小澤さんの住まいに相応しいものにしてくれるように思い、近所から樹木を集めて庭をつくりました。

民家再生考

　私は、信州の田舎の家業を継いだ関係から、仕事を始めた当初から、この地方の民家と関わりをもつことになった。小さな模様替えもあったし、つくり替えのために取り壊した例もある。相談だけで終わった例も何軒かはあった。今、私のしている再生工事に至る道を遡ってみれば、当初は増改築によって、古い民家に住む人の現実的な要求さえ満たせればよい時代でもあった。やがて、老衰の家を若返らせ、病気の家を健康に戻す使命感をもったときもあった。しかし、今は命を全うした民家に、現代に生きる新しい生命を与えて再スタートさせることを目標とするようになった。

　このように私の心境に移り変わりがあるように、その仕事の内容にも変化があった。

　再生工事の軒数も次第に増えてきた。場所も、初めは信州にかぎられていたが、埼玉、鎌倉、九州の臼杵と、大きな広がりをみせている。これは当然取り上げた雑誌の力によることでもあるが、工事の方法はともかくとして、再生工事が民家を滅びから救うひとつの方法であることが、反響を呼んでいると私は思っている。

　民家は現代の住宅としては、不適格であるというのが常識である。だから文化財として保存されるか、取り壊して現代的な住宅につくり替えるのか、二者択一を迫られてきたのだった。たとえ残されたとしても、剥製に等しきかたちであって、生きた姿では残れないことになる。だから、日本の民家の滅亡は、目に見えていたのだった。

　すでに日本の各地の、風土そのままの特徴ある民家が次々に取り壊されて、その跡に現代の住宅が建てられてきた。しかし、つくり替えた建物の中に、取り壊された民家の水準を超すものが何軒あっただろうか。

　そればかりではない。民家の建物とともに、日本の大事な文化を同時に捨ててきたのである。捨てたものは、私たちにとって取り返すことのできない大事なものに思えてならない。これらのことを思うとき、今までの方法だけに頼っていてはならないと思わざるを得ない。

　昨年、再生工事を終えた家々は、今、明るい音楽を奏でている楽器のように、生き生きとした姿に変わっている。しかし、これらの家を思い返せば、老化が激しくて雨漏りのする暗い中で、手の施す術も知らず、途方に暮れていた家庭もあった。それほどでもなかったが、不便や寒さをいろいろ工夫して生活しながら、老化した家をなんとかしなければという思いが、片時も離れたことがなかったという家庭もあった。

　やがて、これらの家の再生工事が終わって、夢のようだと言って喜んでくださった家庭、思いがけない理想の住宅に住めて言うことはない、と言って喜んでくださった家庭。それぞれに古い家の当時を思い起こしながら、心から喜んで満足して生活されている姿を目の当たりにして、私も言い知れぬ喜びを味わうことができた。そして、それぞれの生活から貴重なものを教えられ、発見できたことは、私にとって予期しない収穫であった。

　一例を挙げれば、現代的新築住宅の概念では思いつかないような、精神性の高い生活がなされている家庭があったことだ。それは日本人が生み出した日本の家、日本的な生活であってはじめて可能であることを知ったことだ。他人から教えれたり、他人から借りた洋風の生活では得られない、地に付いた美しい生活だったのだ。

　私は、新しい目が開かれ思いだった。

『住宅建築』1984年6月号より一部抜粋

草間邸
1982年 再生
長野県松本市

上／東側外観
82頁／オエ（応接間）上部の小屋組詳細
83頁／天窓のある明るいオエ

　ところは信州、松本市郊外の古い集落の一隅にあり、建物の形は、この地方の特徴ある民家の本棟造りです。本棟造りは長板葺きの大屋根で正面の棟飾りにもその特徴が見られます。

　草間さんの家は、250年ほど前の茅葺きの民家に、150年ほど前増改築がなされて本棟造りになったものであることが、今回の工事で判明しました。そして現在までその姿を留めていたのでした。

　長い歴史の中で、250年前の柱・梁はその古さを如実に物語っていましたし、各所の老化はかなり進んでいました。とくに屋根の傷みはひどく、雨漏りのため畳が上げられていたほどでした。なお、長板屋根の上に古瓦を載せて、雨漏りに備えたことが、下地の長板屋根の傷みをさらに進行させていたようです。草間さんの家の方々も手を施す術を知らずに途方に暮れていたというのが実情だったようです。

　私も初めは、屋根の葺き替えをして雨漏りを防げれば、命だけは助かるほどに考えていましたが、若夫婦の熱意で道が開かれ、全面的な再生工事が行われることになったのでした。今振り返ってみると、捨てられてしまっても仕方のない古い民家が、新しい建物として生まれ変わり、嬉々としている姿を見るにつけ、感慨一入です。そしてどんな重症の建物でも生き返るという実感を持ち得たのでした。工事は7カ月を要しましたが、概ね順調に進んだと思われます。

　一般に民家はそうですが、面積の広過ぎるのも不評の原因です。そこで不必要なところは大胆に切り取って縮小を図りました。とくに裏手の2階は、西日だけを受ける条件の悪い屋根裏部屋でしたので、1階南西の隅の部屋と屋根を取り除くことにより、屋根裏部屋の南の壁が外に面することとなって、居住性が大幅に改善され、一石二鳥の効果をもたらしました。面積の縮小を図ったものの、まだまだ工事面積は広過ぎるくらいでした。予算もあることですから、木材・建具など活かせるものは最大限に活かす方法をとることで解決しました。

　間取りは主として古い形にしたがいました。大きな変更は各所を縮小した点と、2階中央に廊下を設けて、正面の子供室と裏側の夫婦寝室を結んだ点、さらに水廻りでしょう。設備においては、江戸時代から一足飛びに変わったという実感です。

降幡廣信の世界 83

武井邸
1982年 再生
長野県安曇野市

降幡廣信の世界 85

　武井家は、文化と文政の中頃につくられたと言われていたから、160年程経過した茅葺き屋根の古民家だった。外部に面した障子と雨戸（板戸）の古い形式は、硝子戸に替えた結果、冬の寒さを遮り、明るさの調節をするため、天井から厚いカーテンがどの部屋も垂れ下がっていた。

　一時は新築を考えて研究したが、往診でお伺いする新しい家より、古い自分の家の方が自分の肌に合うように感じられ、古民家を住みやすくしたいと考えたという。お話しのあったそのとき、草間さんの家を「民家再生」工事として取組み始めたときだったので、板葺き屋根の草間家と茅葺き屋根の武井家、内容の違った両家に同時に取り組むという大事な経験をさせていただいた。

84頁／東側外観
85頁／玄関土間
左頁／軒先廻り詳細
上／南側外観

降幡廣信の世界　87

安曇野山岳美術館
1982年 新築
長野県安曇野市

　浅間温泉出身の水上巌さんから、美術館の設計の依頼を受けたのは、1981年秋頃でした。

　水上さんが好きで収集された大切な山の絵画を保存し、展示する場所を造りたいということでした。拝見したところ、作品は山や山麓の自然豊かな風景等で、画家の樽見森衛氏の作品が多い中、足立源一郎氏等の作品も見られました。

　敷地の場所は穂高温泉郷の中央で、道路に面した山際の450坪の土地で半分は斜面です。西裏の斜面は、素直に伸びた赤松の林で緑の中の赤い幹が印象的でした。斜面を生かして、道路から大きな屋根のある美術館正面を見上げながら入る方法にし、内部の展示室は、力強い山や広々した風景の作品が展示されても狭そうに見えないように、木材の逞しい構造による力強さをもった広々とした空間を用意しました。

　美術館は「安曇野山岳美術館」として、1983年春オープン致しました。

　山麓の林の中の現代的美術館の誕生でした。

上／森を背にして建つ外観
右頁上／展示室
右頁下／喫茶コーナー

降幡廣信の世界 89

大和邸
1983年 再生
長野県塩尻市

左頁／土間から座敷を見る
上／座敷から囲炉裏の間を見る
下／玄関廻り外観

　信州塩尻市の郊外の大きな敷地に、際立つ大屋根の家があった。特徴的な棟飾りである「雀踊り」はないが、本棟造りの民家だということに、どちらからみても分かった。

　1874年に建てられて、1900年に増改築がなされていた。時代が下がるため、そのつくりは入念であり、使用されている木材は見応えのある良材ばかりだった。そのため、内部の木材の構成には美と力が備わっていて、圧倒された思い出があった。

　建主の希望に従った再生工事が行われ、8カ月半を要して完成した。

藤城邸
1985年 再生
埼玉県北葛飾郡杉戸町

　ここは埼玉県杉戸町。街を抜け出た田・畑の拡がる農業地帯である。歴史を遡れば、当主藤城さんの祖先がここに住みついて14代目に当たる。そして今まで長い間、名主や村長を歴任した家柄である。確かに、樹木や生垣に囲まれた広い屋敷や門構え、さらに大きな茅葺きの主屋と土蔵、納屋などの姿から昔の家格が偲ばれる。この家は、今から180年ほど昔に建てられたもののようだ。ここも他所の古い民家と同様に過去何回か、その時代の要求にそった増改築がなされていた。しかし、基礎地盤が軟弱であったためか、過去の水害のためか、礎石の不動沈下が激しく、柱は敷居と鴨居の間で7.5cmも傾いているところが各所に見られた。しかし、現代の機能本位の計画による新建材を用いた増改築がなされていなかったため、古い民家の良さがそのまま残っていたことは幸いであった。

　他に住む家もあったことにもよるが、その原因は、藤城さんのご一家が、民家の良さを素直に理解して愛着をもっていたことと、祖先に対する尊敬の念を強くもっていたことが考えられる。そのことが、今回の再生にあたって、昔の茅葺き屋根を葺き直して、孫、末代に伝える結果になって現われたのだと思われる。

　古い民家の再生工事も、回数を重ねる度に古人の仕事からいろいろのものを発見し、教えられる。設備や基礎工事のように昔の仕事の不備なところも多く見受けるが、学ぶところはさらに多いように思う。

　今回の工事を通じて痛感させられたことは、昔の人たちの仕事と現代の人たちの仕事の違いである。大工仕事を例にとってみると、古人は自然の材料をなるべく手を加えずにその持ち味を生かしながら工夫して、適材適所に使用している。そこに人々の材料に対する配慮と心の温か味を感じざるを得ない。さらに、使いにくい材料を使いこなす技術の確かさなど、頭の下がる思いがする。

　古人の仕事と比較して、今日の仕事はそれはことごとく使いやすい材料、つくりやすい方法が主になって、材料を選び、仕事が進められているように思える。だから、そこに残るものは、古人の仕事から受ける温か味に対して、冷たい薄情なものに見えてならない。

　古人の仕事による民家には、時代が移っても、変わることのない美がある。

92頁／東側外観
93頁／玄関土間から和室を見る
左頁／妻側屋根の詳細
上／２階和室

右頁／玄関土間から応接室と
奥座敷を見る
上／南側全景

甘粕邸
1985年 再生
神奈川県鎌倉市大船

　東京にお住まいの甘粕さんに案内されて、初めて鎌倉の甘粕屋敷を訪問した。裏に山を背負った構えは聞きしに勝るものだった。広々とした屋敷からは、ただならぬ人の住まいの面影と歴史の重みを感じた。

　しかし、立派な茅葺きの長屋門は、雨が漏り、傷みは極限に達していた。また、主屋の茅葺き屋根の上を覆ったにわかづくりの波板鉄板は、真っ赤に錆びていた。そして、屋根がことさら大きいだけにその外観は異様なさまであった。内部も荒れ果てて、もう人の住んだ気配はどこにもなかった。

　私は主屋の前に立って、この家の生い立ち、そしてその歴史に思いを巡らし、心が痛んだことを今更ながらに思い出す。しかし、この古い家を受け継いだ甘粕さんは、私以上に心を痛め悩んでおられたことだろう。ところが、『住宅建築』に発表した民家再生工事の記事がご縁となって、甘粕邸再生工事に進展したのだった。

　私は民家の再生工事が、民家の特徴を活かして、適切に行われるために、民家の生い立ちや特徴の調査を専門家に依頼して設計の参考としている。今回の甘粕邸は、大河直躬先生（千葉大学・1985年当時）にお願いした。

　部屋の配列は、表側（北）に3室、裏側（東）に3室を置く構成になっている。このような間取りは、江戸時代前期、および中期の関東地方の民家では、中世武士の系譜を引くような家にのみ見られる。例の非常に少ないもので、甘粕邸の歴史をよく反映するものといえよう。

　特別に規模の大きな家であるので、他の年代の判明している家と比較して、年代を推定することは難しい。18世紀半ばの、寛延、宝暦、明和頃の建設とするのが妥当ではないかと考えられる。

　捨てられてしまっても、仕方のない古い民家が、持ち主によって捨てられ消え去り、持ち主によって生き返らされて後世に残される結果になる。後者は当然資金のあることも条件だろうが、共通して、古い民家に対するご一家の正しい理解と、祖先への尊敬の念のあることを思わされる。今回の工事を通してそれを強く感じた。そのなかで、甘粕さんの悩み、肩の重荷が取り除かれたことが何よりも喜ばしい。

和田邸
1985年 再生
長野県安曇野市堀金

　ところは信州北アルプスの麓に広がる安曇野の田園の一隅。江戸末期と推定される和田家も過去の長い歴史の中で、それぞれの時代の生活の要求に応えた増改築が行われてきた。そして、今日までたくましく生きてきたその姿を各所にみせてくれた。その形跡を通して感じたことは、昔の改造の跡と比較して、近年の生活の変化、建築材の変化の目まぐるしさ、激しさである。茅葺きの屋根の上は長尺鉄板で覆われていたし、内部の模様替えは何回にもわたってなされ、その跡は新建材と戦後の流行の展示そのものであった。これが最近までの一般の住宅の模様替えの姿だったのだろう。

　プランは今までのものを大きく変えることはしなかった。内部の意匠は、構造をありのまま利用し活かすことで十分である。天井の上に隠れていた小屋梁もなるべく現わして、古い民家ならではの雰囲気を表現した。客間周辺の建具はなるべく用いることになった。屋根は茅葺きの形をとどめながら、銅板に葺き替えた。外観はこの地方の民家の特徴を素直に表現するべく、幾分の改造を施しただけにとどめた。

　アルプス山麓の風土に調和した美しい民家として住む人に愛され喜ばれながら、いつまでも生き続けてもらいたいと心から願っている。

左頁／座敷から土間、応接室を見る
上／南側全景

手塚邸
1985年 再生
長野県塩尻市平沢

　ここ信州木曽平沢は、昔から漆器の村としてまた、合の宿として、中山道に重きをなしていた。この地は狭い木曽谷を通る一本の街道の両側に、家が軒を連ねて独特の街を形成してきた。最近は、他所にも見られるような新しい家も多くなったが、街の雰囲気や景観は独特である。

　手塚家はこの平沢にあって古くから漆器を商って今日に至る名門である。この家は江戸末期のものと思われるが今日までさまざまな模様替えがなされてきた。

とくに1904年から1975年までは正面1階を（手前～3尺）増築し、住宅の一部を含めて郵便局として使用されていた。1階がモルタル洗い出しの擬洋風、2階は木曽風という誠に不思議な外観に変わった時代であった。昭和50年から郵便局は他所に移ったが、姿は今日まで変わってはいなかった。漆器の商売は道を挟んだ向かいの店舗で営まれていた。生活面もさして不自由を感じなかったため今日に至っていたと思われる。

　今回は平沢の町並みに似合い、新しい世代の住宅に相応しいものにするために、再生工事をすることとなった。

　とくに正面は、不調和なところを取り除いて、歴史ある漆器の店として整備し、町並みに景観と雰囲気を添えることを合わせ狙った。この町並みの中にあって大きな開口であることから、良きにつけ悪しきにつけ、その効果は大である。

上／北側外観
右頁上／座敷
右頁下／店舗から座敷を見る

降幡廣信の世界 101

清水邸
1985年 新築
埼玉県春日部市

　春日部の清水さんは、私が関係した杉戸の岩本さんの御親戚で、岩本さんの住宅に完成祝いに伺ったときに、その出来栄えを見て感激され、住宅の新築を私に依頼してくださった。

　しかも、その原因は、鉄筋コンクリート住宅にはない風情を、岩本さんの木造住宅に見て感じ、こういう家に生活し、日本の趣を味わいながら残された人生を送りたいと考えたからだった。

　そして、私にこう言われた。「家には表と共に、裏が大切です。鉄筋コンクリートの私の家には、裏の美がないことがとても淋しい生活です。美しい裏のある家に住みたいのです」。

　そのような感性の方に喜ばれる家にするために、頑張ったことが思い出される。

左頁／アプローチから見る外観
上／和風の設えの椅子式の応接室

降幡廣信の世界　103

千葉邸

1985年 新築
神奈川県鎌倉市

　敷地は、西側に広い道路が走り、その向こうに三浦半島の海と共に江の島と富士山が見える雄大な景色が展開しています。

　私と同じ民芸品の収集を趣味とされていた千葉さんは、収集した作品が似合う家に住みたいという希望をおもちでした。そこで、大きめの民芸品でも見栄えがするように、空間にゆとりをもたせました。

　玄関を入ると、その先には応接室兼居間が展開します。ここは、大勢の人と団欒を楽しめる18畳大のスペースです。上を吹抜けとし、中央に囲炉裏を切って民家の雰囲気を盛り込みました。

左頁／応接室兼居間は、民家の雰囲気を感じさせる囲炉裏のある空間
左上／広々とした玄関
右上／玄関廻り外観
左／和室

降幡廣信の世界　105

車家
1986年 移築再生
東京都八王子市

　小川さんは、そば屋を始めた頃からずっと、いつか古民家を使った店で営業したいという夢を持っていた。そんな中で、そば屋仲間から古民家を譲ってもいいという人を紹介してもらった。福島県只見の田子倉ダムの下で代々暮らしてきた、目黒宇太次さんである。目黒さんの民家は、周辺では立派な建物だと評判だったらしい。そのため、いくつも問い合わせがあったと言う。しかも小川さんの計画はしばらく先になりそうで、実現が疑われかねない場面もあった。それでも小川さんの人柄に触れた家主の目黒さんは、そのお店のためだったら他所を断っても小川さんにお譲りしたいと思われた。結果的に、目黒さんは小川さんの『車家』のために、8年間も民家の引き渡しを待ってくださった。

　お二人が深いご縁で結ばれていたからこそ、このような信頼が保たれたのだろう。そのようにしか思えない。そこには、お二人の民家に対する深い愛情があったからに違いない。目黒さんは、愛する民家の幸せを考えた結果、民家のために小川さんの都合に合わせたのである。これが、『車家』の民家の由来である。

左頁／北側外観
右上／玄関
右中／待合
右下／広間から座敷を見る

野上弥生子文学記念館
1986年 再生
大分県臼杵市

　作家の野上弥生子先生が1985年3月、99歳で亡くなられ、先生の貴重な資料が分散しないうちに一カ所へ集め保存しようという声があがった。そこで市の観光協会が中心となって、先生ゆかりの生家の一部を借り受け、野上弥生子文学記念館を創設したものである。場所は小手川商店と道を挟んで向かい合う小手川酒造に隣接している。

　この建物の由来は、江戸末期、小手川酒造の主屋の脇に建てられた酒屋の幹部のための二軒長屋であった。しかし、何時の頃からか、主屋に隣接した長屋の半分は、主屋とともに壁が取り除かれ、主屋側から倉庫として使用されていた。

　記念館は、倉庫に使用されていた部分と主屋の一部を活用した。元来、この建物は野上弥生子先生の生家の一部ではあったが、一部は古い長屋であり、一部は古い倉庫であったため、記念館の内部や外観とするには一工夫必要であった。

　内部は、長い歴史の中で木材の老朽化がすすんでいた。とくに湿気が多く風通しの悪いことなどから、木材の虫害がひどかった。そして、限られた予算ということを含め、外観はあくまでも、浜町の町並み整備の一環として考えた。とくに野上弥生子先生ゆかりの空間を活かすことを心がけ、模様替え部分も、古い構造材など最大限に活用する方法をとって、記念館に真実味をもたせようと努めた。

　設計は地元で工務店を営む佐々木正昭氏が行ったが、私が陰から幾分のアドバイスをしたということである。

左頁／正面外観
上／2階の書斎と広間
下／2階の展示室

降幡廣信の世界　109

曽根邸
1987年 再生
静岡県焼津市

上／玄関。左手格子の向こうが内玄関
下／南東側外観
右頁／内玄関から格子越しに玄関を見る
112頁／小屋組架構詳細
113頁／台所から食堂を見る

　焼津市内の、道路の拡幅を機に捨てられる羽目にあった民家と縁があって、再生のお手伝いをした。移転の場所は3kmほど西にあたる明るい住宅地であり、周囲にはまだ空地が目立つ。敷地の南側を広い道路が一直線に走っている。

　古い建物を解体して、広々とした明るい住宅地に移して組み上げられた骨組みは、見違えるかのようにたくましい。堂々とした風格は周囲を威圧するかのような迫力だった。

　あの古い街にあった当時は、古いが故に時の流れの都市化にはついてゆくこともできず、ただ、その場でじっと身をがめて耐えている姿だったのに、あの姿からこんな迫力を誰が想像できたであろうか。

　命拾いをした嬉しさを身体全体で表現して「俺たちの仲間はみんなこうなんだ」と叫んでいるかのようだった。このような効果が上がったのは、明るい広々とした敷地、やや上がった地盤にも起因している。

　木材は奥さんの実家（材木屋）が用意され、予想以上の良材で工事が行われた。木材の良否は、職人の仕事とともに耐久力と雰囲気を左右する。職人には古い部分の仕事と似合うような仕事をお願いした。チグハグでは効果が上がらないからだ。昔の仕事をすることは今、難しいことであるが、皆努力してくれた。とくに大工・建具・塗装・屋根など日本の職人の誠実味が表現されたが、これは曽根さんの民家再生へのご理解に応えてくれた結果だった。

降幡廣信の世界　111

高木邸
1987年 再生
長野県安曇野市

　私の家から北へ6〜7kmのところの、西に北アルプスが美しく連なる農村地帯におられる高木さん。堅実な農業を営んでおられることは、家屋敷の外部からもうかがうことができたし、さらに家の内部からも、長い歴史とともに蓄積された堅実な家庭の内容を、美しい木材の構成を通じてもうかがい知ることができた。

　高木さんのご親戚に紹介されて参上したのだが、当初は再生をお勧めする私の言葉に耳を傾けていただけなかったことを思い出す。

　その原因は、既に新築を考えて設計者に図面を描いてもらっていたからだった。しかし、考えを変えて、再生に踏み切ったのだった。

　完成して、健康的な姿で安曇野の風景を美しく引き立てている場面を見るにつけ、当時がしのばれるとともに、末永く幸せでありますようにと手を合わせる。

上／玄関から座敷を見る
下／正面外観
右頁／玄関土間

降幡廣信の世界 115

小手川商店
1988年 再生
大分県臼杵市

　大分県臼杵は、豊後水道に面した人口4万人の古い城下町である。わざと折り曲げた狭い道に、漆喰塗りの土蔵造りや塗り家造りがあちこち目につく。そして、どこからともなく、磯の香が漂ってくる。そんなところが、山国で生まれ育った私にとってこたえられない風情だ。

　ここ浜町界隈は、臼杵の古い町を象徴しているようなところで、酒屋・味噌屋・醤油業を営む小手川商店は、つくり酒屋の主屋（おもや）に対して、向店（むこうみせ）と呼ばれ、野上弥生子先生の小説にも登場した由緒ある店である。

　店の建物は1919年に建てられ、塗り家造りの剛毅な外観をもっている。しかし、内部は意外に穏やかな雰囲気が漂う。これは入った正面にそそり立つタブの木の丸柱の柔らかさ、そして室内に使用されている良材と職人の仕事の品の良さからくるものだろう。かつて活気に満ちていたこの通りや建物も、近代化の路線からもれてか、淋しそうに昔の姿だけをさらしていた。

　小手川さん一家も、この向店とその通りをなんとかしたいという念願をいだき続けておられた。町の人びともそうだったと思う。今回、この憔悴しきった雰囲気を一新し、生き生きとした店に再生することになった。

　その内部空間は、新しく改良を加えられていたところは取り除き、創建当時の趣に統一をはかった。これは店の内と外が講和することになるだろうし、向いの酒屋の建物とも似合うことになり、両者によって形成される町並みに統一感を呼び戻し、魅力ある街になるからだ。

　新しい小手川商店は商品を売るだけでなく、臼杵の味を込めた味噌汁を提供し、旅人の心を慰め、思い出を豊かにする施設でもある。さらに向いの野上弥生子文学記念館とともに、人々が集まり町に活気をもたらすことになって、臼杵の町に貢献したという建主の願いが込められている。

上／通りの北から南を見る。右側に小手川商店、住宅の門、左側に小手川酒造、その奥に野上弥生子文学記念館（108頁・109頁掲載）が続く
右頁／玄関土間

新井邸

1988年 新築
埼玉県春日部市

上／西側外観。手前に低い床の応接室、奥に高床の座敷が続く
右頁／南庭に面した高床の座敷
120頁上／低い床の応接室
120頁下／応接室から座敷を見る
121頁／アプローチから見る玄関廻り外観

　ここは、東京圏にあって急速に発展した埼玉県春日部市の住宅地である。敷地は、東と南の道路に接した角地で、絶好の場所にある。建主は多忙な会社社長である。今まで住んでいた住宅の東隣りに自分のための新居を設けることになった。そして、そこは奥さんの長年の労をねぎらう思いを込めた住まいにしたいとのことだった。

　旧宅はご子息一家の住まいとなる。新居と旧宅との間に距離をおき、時には孫等と相和し、老後の豊かな生活を楽しむ場でもある。

　入口は東側の道に接し、門と車庫を一体にした門構えがそこにある。塀や建物で囲まれてはいるが、閉鎖的にならないよう心がけた。門とポーチの間には800mmほどの段差がある。門を入って3段の階段を上ってアプローチである。

　ご夫妻は、堅い感じや武骨なものではなく、軽やかで柔らかい感じを好んでおられた。しかし場所柄から、京都好みの数寄屋を関東の田舎仕立てで、というところで落ち着いた。建物の高さはなるべく低く抑えて、目立ちすぎないことに留意した。

　玄関から客間にかけては、北山杉の面皮柱と吉野杉の造作材である。穏やかで落ち着いた味わいを重視したからである。

　茶の間は明るい南面に、寝室は落ち着きのある北側に配した。その中間に接客スペースを配した。接客スペースは一段床の高い座敷の客間と、床の低い椅子式の応接室で構成している。ともに庭との関係を重視し、その結果、高床の和室は緑と階（きざはし）によって庭と繋ぐ方法にした。低い床の応接室はテラスによって庭と繋がっている。それは和と洋の、ふたつの方法でもある。

　この住まいの雰囲気が、ご夫妻の趣味に調和するよう、多忙なご主人のためにとくに安らぎを重視した。そのうえ多い来客にも快いひとときを味わっていただきたいと思っている。

降幡廣信の世界　119

小野邸
1988年 再生
長野県塩尻市

　別棟の屋根を構えた式台が正面にあり、聳え立つ本棟の姿には威厳がある。その母屋を中心に、年棟もの建物と、その間にある整えられた庭。それ全体を囲ってひとまとめにしている塀。
　小野家は、敷地をどこから眺めても整っていて、古民家独特の風格を備えていてうらやましい。
　その風格を備えるための陰の気配りが尊いと思う。

　塩尻市は市街地もあり、民家の集落もあり、本棟造の古民家も各所に目立って見えるが、塩尻の古民家はどこを見ても美しく、大切にされていることがうかがえる。
　塩尻は、堀内家などがある古民家の里である。市民が意識して守って大切にすれば、他市から尊敬される市になるだろう。小野家も、その中心的民家であり続けていただきたい。

左頁／正面外観
上／座敷から居間を見る

ミサワゲストハウス
1989年 内装
茶室
1989年 新築
東京都世田谷区聖蹟桜ヶ丘

上／応接室から座敷を見る
下／茶室
右頁上／夏の設えの座敷
右頁下／普段の座敷

　京王線聖蹟桜ヶ丘駅前の喧噪を抜け出た丘の上にある桜ヶ丘の町は、静けさが漂い、上品に澄ましている。その中心的場が三澤家であり、ミサワホーム・ゲストハウスでもある。ゲストハウスは、プレハブ住宅とは印象を異にしているが、最初からこのイメージが示されたわけではない。

　話し合いを進めていきながら、到達したのがこうだったということである。なかには、奥様が励んでおられた茶室も配された。結果的に、日本人の「心の拠りどころ」的場として、社長ご自身も社員も心の足並みを揃える場となっていることだろう。

　ここは、日本の一流のもので構成されている。襖の引手も京都の名人「野上任治」の作等。それ故に漂う雰囲気には、美があり、上品さがある。質を間違えない家づくりの原点として、あり続けていただきたい想いが今もある。

降幡廣信の世界

湯元 長座
1989年 移築再生
岐阜県高山市福地温泉

左頁／囲炉裏の間からロビーを見る
右／吹抜けのあるロビー
128頁／客室
129頁／街道沿いに佇む外観

　福地温泉「湯元 長座」は、地元奥飛騨温泉郷はおろか、全国の温泉旅館の中においても際立つ存在になっている。事の始まりは1969年であった。この地で農業と林業を営んでいた小瀬武夫さんが、自分の家を使って温泉旅館を始め、地元の2軒と共に福地温泉と名付けた。当時この地の農業・林業は先行きが暗かった一方で、近隣の温泉旅館が繁盛していたからだったが、多分に冒険的で不安なところがあったという。

　しばらくして、全国の旅館を見て廻りながら考えついたのが「ろばた料理」である。囲炉裏を囲みながら、串に刺した新鮮な岩魚や野菜等を、中央の火の脇に立て掛けて焼いて食べる。これがお客様に好評で大当たりした。目の前の囲炉裏の火で出来上がる素朴な料理を頂く気分は、囲炉裏となじみのない都市の人にとっては格別魅力的だったようだ。今もそれがこの宿の名物料理になっていて、訪れるお客様を満足させている。

　「ろばた料理」を通じて、方向が見えたのだろう。奥飛騨という地方固有の自然と素朴な生活文化に加え、豊かな温泉を全国の人たちに提供し、深く味わってもらおうという確かな目標をもつことができた。

　その時までは、自分の家族を中心とした一般的農家を使った旅館だったのだが、全国に誇れる民家を使った旅館にしたい。きっと全国のお客様が注目し、ここに来て満足してくれるに違いないと考えた。そこで、雪の多い地方のたくましい民家の情報を集め、その中で巡り合ったのが上越市の名の知られた民家だった。この民家は、一度大阪の商人に渡ったものを小瀬さんの執念で買い戻したものである。私も、初めてその家を見た時、素晴らしいけやき材が使われているのに目を見張った。同時に、こんな民家が今まで残されていたことに驚きを感じた。

　1988年から再生工事が始められ、翌年にオープンした。今も上越の民家の素晴らしい木材は、広いロビーを中心に使われている。ロビーにいる人たちも、それぞれの木材が醸し出す雰囲気にうっとりして、時を忘れてしまうようだ。

　ここ岐阜県の奥飛騨地方は、新たに使われる民家の生まれ育った上越地方とは違った風土の場所である。しかし旅館には、訪れる人が納得する風土との一体感が求められる。「長座」の外観は、奥飛騨の建物らしさがあって、訪れた旅人は誰もが一目で奥飛騨を実感し、到着した喜びに浸ることができるものでなければならない。そんな点を考慮した外観である。

　内部も外観との調和が計られ、奥飛騨らしい室内を来客に提供している。そんな中、日本の高尚な美を備えた本格的和室がここにはある。上越の古民家に改めて敬服する次第である。

　「若い娘さんが『お祖父ちゃん、お祖母ちゃんの家に来たようだ』と言って感激している。ここが日本人の心を取り戻す場となってくれている。これが私達の最高の喜びです」と心弾ませて話してくれた若社長の声が忘れられない。

降幡廣信の世界　127

降幡廣信の世界　129

飯沼飛行士記念館
1989年 新築
長野県安曇野市

上／2階展示室
右／1階ホール
下／外観（左奥に生家の主屋）
右頁／2階展示室への階段

　今から82年前の1937年、安曇野市出身の飯沼正明飛行士（25歳）は、塚越機関士（37歳）と共に純国産の飛行機「神風号」を操縦して、東京―ロンドン間、15,000キロメートルを往復の世界新記録を樹立し、世界を驚かせました。その偉業を後世に伝えるために、生家の脇の土蔵を再生して偉業を展示する記念館とし、生家と併せて飯沼飛行士記念館としています。

　生家は飯沼家の生活の豊かさをみせています。

田淵行男記念館
1990年 新築
長野県安曇野市

上／わさび田越しに見る外観
下／正面入口
右頁上／2階展示室
右頁下／1階談話室

　山岳写真家として著名な田淵行男さんは、鳥取県大山の麓から安曇野に移り住まわれた方です。写真と共に山好きの私にとって憧れの人でした。田淵さんが亡くなられ、田淵行男記念館が安曇野を象徴する常念岳が見下ろすわさび田の上に造られることになり、その設計を任されました。安曇野を愛した田淵さんに喜ばれるものをと念じて設計したのがこの記念館です。

　わさび田を見下ろす橋を渡って、先ず、2階の展示場へ入ります。

　作品を心しずかに味わって階段を下り、広がりあるわさび田と等しい1階床面でゆっくりくつろぎながら、田淵さんの作品を振り返り、味わって頂きたいと思います。

降幡廣信の世界 133

吉澤邸
1990年 移築再生
長野県飯田市

　信州飯田市で染色を生業としておられる吉澤さん夫妻は、古い民家を使って住まいと、仕事場をつくりたいとおしゃって民家を探していた。

　そんなお話をお聞きして、2年くらい過ぎてからだった。市内の学校拡張工事によって取り壊されることになった古い民家を見てほしいという、はずんだ声の電話をくださったのは吉澤夫人だった。

　早速、拝見したところ、私の予想以上のもので、文化財の少ないところだったら、市の文化財として立派に通用するほどのものに見うけられた。とくに、信州の松本から飯田地方のみにある独特の本棟造りであったことは、風土に似合った民家が得られることでもあり、吉沢さんにとってたいへんに幸運なことであった。

　良い家と巡り会えればしめたものだ。工事はいつ着工してもよいのだから、吉

沢さんも本格的に工事にとりかかるのには、さらに時を要した。まず6カ月を経て、民家を解体し、自宅の脇の畑に保管して時を待つことになった。保管の方法は、湿気を防ぐために地面にシートを敷いて台木を置き、その上に古材を積み重ねて波型鉄板の屋根をかけたのだった。このままで4年を経過し、着工に至ったのである。

家の脇で保管していたため、古材の監理が行き届いた。そのことが古材を傷めずにすみ、再生工事をスムーズに進めることにもつながったと思う。工事は1年を要し完成した。私が初めて民家を見に出向いてから5年半を要したことになる。さらに吉沢さんが民家を探し始めてから7年半経過したことになる。

今日の、スピード時代の家づくりからは、想像できないサイクルであろう。しかし、かくしても、再生した民家に住まいたいと願わせるのは、日本の民家の魅力にほかならない。時の流れに影響されない本質的なものが民家にはあるからだろう。民家の生命力をすれば吉沢さんの7年半は問題ならない年月に思える。

左頁／土間、板の間（多目的ホール）から応接間を見る
上／南東側正面外観
下／応接間から和室を見る

降幡廣信の世界　135

原邸

1990年 新築
長野県安曇野市三郷

　松本市の中央から西へ8kmほどのこの地は、安曇野と呼ばれる平和で緑豊かな田園地帯である。ここからのアルプスの眺望は素晴らしく、今でもここに移り住む人は多い。松本市に住まいと仕事場をもっていた原さんがこの地に住宅を新築されたのも、老後の夢を叶える場所として最適と考えたからだった。

　自然豊かな美しい景観の中に、歴史を留める古い民家が点在する地方である。そこに配する建物の外観は、内部以上に気を使うところである。

　もっとも、どんな場所であっても、環境に調和した外観と内容があって初めて住みやすい住まいとなり得る。良い外観は近隣に住む人に好感を与え、近所付き合いにも良い結果をもたらすからだ。

　外観は特別目立たせず、落ち着きを重視した。近所には歴史をもった広い敷地に門を構え、塀を巡らせた立派な民家もある。そんな近隣と違和感のない伝統からはみ出さない外観とした。

　正面に小型の長屋門を設けたのもそのためである。屋根が二重になっているのは、二重屋根の間の小壁から室内に光を取り込みながら屋根裏に納戸を設けたかったからだ。同時に外観に変化を与えている。

　内部は、主たる部屋の木材に色付けをして古民家の特徴を出している。家の内と外とは当然共通したデザインであるべきだ。仮に違和感があっては、生活にも不自然さが生まれる。例えば、外観が近所に調和していても、室内から見える近隣の風景が、室内とは別世界に見えるとしたら、そこに不自然さがうまれることになる。

　とくに生活の中心である居間・食堂は、日本の民家にある伝統的な木構造で構成している。豊かな構造美をもつ落ち着きある空間での家族団欒は一入だろう。また、来客へも心温かい雰囲気で迎えてくれる。

左頁／茶の間から坪庭を見る
上／庇の下に続く、庭と室内を繋ぐ土間空間は、冬は日向ぼっこの場所になる
下／玄関廻り外観

降幡廣信の世界　137

塩尻短歌館
1992年 移築再生
長野県塩尻市

　長野県のほぼ中央に位置する塩尻市。ここに、全国でも稀と思われる短歌館がある。塩尻市を中心としたこの周辺は、多くの優れた歌人を輩出した近代短歌発祥の地であったからだ。

　会館の建設に当たっては、誰もが新築を考えていただろう。しかし、当時の小野光洪市長は、この地方にあって日本の代表的民家である『本棟造り』を再生して短歌館とする考えをもっておられた。市長ご自身も民家を再生して住み、民家再生の効果を知っておられたからだろう。

　そのために用意されていたかのようにあったのが、『本棟造り』の柳沢家である。建設場所は3km程離れた郊外であるが、そこには既に多くの歌人の歌碑が、林の中に配置されて、「広丘短歌公園」となっていた。会館はその脇に建設され、公園との相乗効果が計られた。

　柳沢家は旧市内にあり、周辺での都市化が進む中、長い歴史の落ち着きを漂わ

138

せ、人の目を引く建物となっていた。この家はかつて石灰商を営んでいたと伝えられ、塩尻市としても保存に値する『本棟造り』であった。

当時の千葉大学大河直躬教授は調査報告で、「柳沢家は、明治元年頃の建設と考えられ、保存状態は非常に良好である。本棟造りの完成期の建築であり、外観も内部も意匠的に非常に洗練されている。長野県内に現存する民家の中では、最も上質な建物であり、これに匹敵する例は他に見出しがたい。本建物は、その美的価値から見て、短歌博物館に利用するに最適であり、また、諸外国からの要人等を迎えるための迎賓施設としても、塩尻市にとって誇りにできる建物である。」と記している。

このような価値のある建物であったため、短歌館として再生するに当たっては、やむを得ない一部を除いては、ことごとくそのまま残すこととした。むしろ、できる限り創建当時の状態に復元することに努めた。

保存するに値する価値ある建物が、塩尻のこの地に残されたことで、この館が近代日本の短歌と共に『本棟造り』の正しい姿を後世に伝え続ける意味は大きい。

左頁／通りから見る外観
上／土間から座敷を見る
140頁／座敷から中庭を見る
141頁／座敷の床の間を見る

御宿 まるや

1993年 新築
長野県諏訪郡下諏訪町

　ここは古い下諏訪の中心の場だった。向かいには本陣があり、ここ「まるや」は脇本陣だったから、昔から御宿そのものだった。そして、ここは町にとって大切な場であって、今も変わりない。先代のご主人は、昔の格調を後世に伝えたい思いがあった。町の中心地だから、それによって、格調のある下諏訪町になるだろうという思いからである。
　設計にあたっては、町並みの調和と愛される旅籠である。大きな車も通る角地であることから、防音にも気を配った。

　町並みとの調和では、苦い思い出がある。建物を立ち上げてみたところ、ボリュームとして調和していないことが判明し、立ったままに柱の丈を15cm切り下げて、バランスを保った経験がある。
　木造建築だから、木の材質と技術の質に配慮している。それに、それぞれの部屋に余裕をもたせながら、部屋の使い方に自由さをもたせている。
　来客に気持ち良く使用していただき、愛される御宿であって、先代のご期待に副うことを祈る。

左頁／囲炉裏の間を見る
上／坪庭を望む浴室
下／通りから見る外観

寿屋
1994年 再生
石川県金沢市

左頁／土間玄関
上／蔵を利用した食事処の入口
下／料理屋として再生した外観

　ここ金沢市の尾張町は、尾張から来た殿様の館の近くに尾張の人々が多く住み、尾張町と呼んだという。
　ここに古くから料亭を営む「寿屋」は、精進料理を専門としていた。そのために、葬儀や法事に多くの客が集まれる広間を別棟として増築されていた。
　歴史をもった母屋の老朽化が目立って、見苦しくなってきたために、新築を考えていたなか、金沢に事務所をもっていた赤坂君（元所員）の営業によって再生工事を選ばれ、我々の仕事となった。
　再生工事によって、外観が整い客が立ち寄りたくなり、内部の部屋もすっきりして気持ち良く変わった。玄関寄付きに魅力的な階段を設けたことで、寿屋の印象は一新して、雑誌各社のグラビアに登場する寿屋になった。
　町の印象にも貢献し、観光客も惹きつけたことから、金沢市から「都市景観賞」と「店造り大賞」を受賞した。

降幡廣信の世界　145

松月
1994年 再生
富山県富山市

富山湾に接している、富山市岩瀬が「松月」の所在地である。海に接していることから、市街にない特別な趣が感じられる。

ある日突然、「富山の松月ですが」と女性から電話を受けたときの印象は今も耳元に残っている。「松月」の前面に立っている名物女将からの甲高い声だったか らだ。富山市の「松月」は、富山湾を一手に背負っているかのような魚類を料理に活かしているが、とくに富山湾の白海老を全国に伝えてきたことで有名だった。

設計の最中、北陸5県の市長会が「松月」で行われて、当時の松本市長も参加していたことが「松月」の女将に伝わり、「松本の降幡建築設計事務所に私のところの設計をお願いしています。」と言われたところ、有賀松本市長が「私の家も降幡さんの所にしてもらいましたから、「松月」さんと私は親戚にあたりますね。」と言って笑ったと。

古い材を使って新築していた「松月」は、決して良い建築ではなかったが、再生工事の折、良材に入れ替えをし、質を高めたため、地方の料亭のなかで注目に値する建築となっている。

上／畳縁を廻した座敷
下／料亭として再生した外観
左頁／玄関土間から玄関ホールを見る

降幡廣信の世界　147

復活之キリスト穂高教会
1995年 新築
長野県安曇野市穂高町

いままでの建物が36年を経過して手狭になり、不便なところもあったために、新しくつくり替えることになった。旧い建物と同様に、信徒である私が設計し、私の会社で工事をすることになった。

旧建物のときより、面積も広くとり、内容も充実させることができた。会員も増えて、予算にも余裕があったからである。

教会堂はその地域を象徴することにもなる。北アルプスが正面にそびえ、自然豊かなここは、安曇野とよばれて、多く

　の人に慣れ親しまれてきた場である。そのことから、「いかに安曇野との調和を保つことができるか」を優先した。
　この自然との調和が保たれていれば、教会に集まる人々にも、地域の方々にも、きっと好感を与えて愛され、建ち続けることになるだろう。そのことを念じながらことを進めた。

左頁／礼拝堂
上／全景
下／開口部詳細

降幡廣信の世界　149

　ここは、かつて上宝村新平湯温泉だったが、いまは高山市の奥飛騨温泉郷・新平湯温泉となっている。厚い緑に覆われた山に囲まれ、静けさが漂う温泉郷である。

　「松宝苑」は1971年、いまの社長のご尊父によって創業された。「松宝苑」の由来は、上宝村で代々名前に松の字を引き継いできたことによる。

　私は25年前の1996年、息子さんの早川政範さんより相談を受けて、まず浴室を設計させていただき、翌年完成した。そこは本館の裏庭を挟んで配置されているが、客室づたいのコの字型の廊下でつながった別棟である。

　本館から見ると、男性と女性の浴室は庭越しの大屋根の下に二つ並んでいる。内部を見ると、畳敷きの脱衣室と木の浴槽の間には仕切りがなく、平面的に広がっているのが特徴である。その上はひとつのたくましい屋根で覆われていて開放感がある。脱衣室は床が濡れるため、一般に板、またはその上に籐筵（とうむしろ）が敷かれている。板も籐筵も、足の湿気を吸い取るので使われる。畳は板や籐筵以上に湿気を吸い取ってくれるが、濡れては困るから、一般には使われない。ここを使う人は濡れた体に十分配慮したうえで、畳に寝転がって温まった体の熱気を冷ましながら、風呂上がりの気分を十分に味わっていただきたくてこのようにした。

　浴室棟に引き続いて、1年後の1998

松宝苑
1998年 移築再生
岐阜県高山市新平湯温泉

年、本館が造り替えられた。本館は新潟県能生の古民家を使ったが、この地方は日本海に面した山間部で、日本海から湿った雪が吹付ける豪雪地帯として有名である。それ故にここに使われている木材も構造にもたくましさがこもっている。そのことは誰が見ても一目瞭然である。

最初にお目にかかったとき、若主人の早川さんはたくましい古民家に漂う安心感でお客様をお迎えし、温泉につかって心安らかにお休みいただける旅館が欲し

いと目を輝かせて希望を話された。そんな篤い希望が叶えられ、それに相応しい民家とのご縁ができて、早川さんの夢が実現している。

敷地の正面東側と西側は道路に面しているが、少し奥まったところが一段高くなっている。道を隔てた南隣も東隣の正面も美しい杉林である。ストレスの溜まった現代人の心を癒す温泉旅館としては、理想的な環境ではないだろうか。建物には新潟県の古民家を用いているが、

ここは岐阜県高山市の山中である。建物の外観は、この地方の民家と違和感のないよう配慮した。「民家は地方の証明書」ともいわれている。民家は風土を映しているからだ。「松宝苑」の本館がこの地方の民家と相通じているなら、ここの風土と調和していることになる。

さて、訪れるお客様の「松宝苑」の第一印象はいかがだろうか。

降幡廣信の世界　151

150頁／温泉旅館として再生された正面外観
151頁／玄関ロビーから2階への階段廻り
左頁／1階の囲炉裏の間と食事コーナー
上／浴室棟外観
中／浴室。手前には畳敷きの脱衣所がある
下／2階の食事コーナー

降幡廣信の世界 153

岡本邸
1999年 再生
愛知県津島市

左頁上／玄関土間から玄関座敷と右側に内玄関を見る
左頁下／通りから見る正面外観
上／玄関土間から内玄関方向を見る
下／玄関廻り外観
156頁上／奥座敷から庭を見る
156頁下／中座敷から奥座敷を見る
157頁／安井杢工務店により中庭に増築された茶室

　岡本さんとは不思議なご縁が思い出される。岡本さんは地元の工務店によって工事を進めたのだが、450年もの歴史をもった岡本家の再生工事にあたって、新築工事の感覚でことを進めたらしく、工事が行き詰まって進まなくなっていた。それより以前、津島市内で民家の再生をした前例があったため、岡本さんがそのことを聞いて私に相談してくださった。

　最初にお伺いしたとき、岡本家の大きさと歴史の重さに圧倒される思いだった。進められていた工事を見ると、古い家を新しく変えようとする思いが伝わってきた。使われてきた古い木材が切り捨てられて、新しい木材に変えられようとしたところが目立った。歴史を重んじ、古い材料を活かし、内容を高める再生工事との違いを目の当たりにしたことが思い出される。

　建物は内外とも、大切に使われていて、岡本家の長い歴史そのものが感じられ、文化財を見る思いだった。先ず、その外観を通じ、その大きさと歴史の重々しさに圧倒された。主要道路に面した街中にあって、門を入ると高い塀に囲まれた玄関前の前庭が展開する。白砂が敷き詰められて、わずかな石と樹木によって構成されていて、奥ゆかしさが漂う。前庭が岡本家を象徴しているといえる。

　内部の大きな特徴は、書院造の色合いの濃い主屋にお茶室が4カ所もあり、別に庭にも一棟あることだった。昔から、茶室が津島の人びとの社交の場だったことを物語っているが、その中心に岡本家があったことがうかがえる。

　そのような内容から、工事は生活の場の不便なところ以外は、復元に心掛け、岡本家本来の姿を残すことに配慮した。

鈴廣蒲鉾本店

2001年 移築再生
神奈川県小田原市

左頁上／「千世倭樓」中庭。右手の「大清水」
は富山県の古民家で移築されていたもの
左頁下／「千世倭樓」外観
上／「千世倭樓」売店
中／「千世倭樓」レストラン
下／土蔵を再生したレストラン
160頁上／土蔵の外壁詳細。腰なまこ壁
160頁下／レストラン入口
161頁／「千世倭樓」軸組詳細

降幡廣信の世界　159

　秋田県大森町八沢木の菊池さんという方から、ある日民家の相談の電話があった。しばらくして本格的な図面が送られて来た。今まで見たこともない大きさ。さらに、想像もしなかった格調高い見事な書院造りであった。

　秋田の素朴な農家を想像していた私の想いは浅はかだった。秋田の田舎に、こんなに高い建築文化があったことを知らずにいたことを反省した。

　相談とは、この家を住みやすくしたいということだった。こんなに大きな家をお嬢さんが嫁がれた後に、夫婦二人だけの住まいにするということは想像しにくかったが、このような家を造らせた風土は一体どんななのか。そこに興味が湧き、先ず現地を見せてもらうべく羽田から秋田へ向かった。秋田空港も田舎だったが、さらに大森八沢木は土の匂う山深い本格的な田舎だった。

　迎えに来て下さった菊池さんの運転する車で、空港から菊池家へ向かった。途中に小さな集落はあったが、寂しい山中だった。家の前に立った時の感想は「立派！」の一言だった。「こんな山中に、なぜこんな不似合いな家が」というのが私の第一印象だった。誰が見てもそう思うだろう。その時の私には、小田原の蒲鉾『鈴廣』と見えない糸で結ばれていようとは夢想すらできなかった。

　菊池家はかつてこの地方で手広く山林業を営んでいた。この家は明治初期から、およそ20年の歳月をかけて造られたと言われている。1階には樹齢300年、太さ70cmの秋田杉の梁が用いられていた。秋田杉の銘木をふんだんに用いた名建築だ。暗い内部だったが、初対面の私に迫るものがあったのも、内部に文化財的内容が豊かだったからだろう。

　母屋の隣に「さや」で覆われた土蔵があった。この地方は土蔵の土壁を雪から守るために、土蔵の周囲に人が通ったり土蔵の物を出し入れできる余裕をもたせ、外側を「さや」と呼ばれる軽やかな仮小屋で覆っている。菊池家の「さや」で覆われた土蔵の壁はピカピカの光沢を持った黒漆喰塗壁であった。黒い光沢はいかすみの黒さだという。さすが菊池家の土蔵である。

　土蔵の扉を開けると、さらに驚く場面が展開する。木材はすべて見事な欅(けやき)材で、

漆が塗られて光り輝いているではないか。竜宮城の建物はこんなかと、ふと思った程だ。ここは物が入れられて守られる蔵である。いかに大切なものが保管されていたのか、想像が及ばない。

その後、家全体の利用方法を提案していたが方針は決まらなかった。

一方1999年初め、蒲鉾で有名な小田原の『鈴廣』から店舗の相談を受けた。小田原市内から箱根へと向かう国道の脇で、既に関連の建物が立ち並んでいた。『鈴廣』の歴史と調和した店舗を造りたいということで、何回も伺って構想をお聞きする中で、2カ所の建物の活用を提案しながら、最終的に菊池家に決まった。土蔵も母屋も一体である。

工事は2001年6月に完成した。この場所に武士の好みを漂わせた格調高い書院造りとは、あたかも夢を見ているような姿であった。その姿に相応しく、「千世倭楼(ちょうわろう)」と名付けられ、小田原市の国登録文化財にもなった。

現在、国道1号線に面して建つ蒲鉾『鈴廣』の一連の建物の中央に、格調高く堂々と構える容姿を見るにつけ、この場所のこの施設のために、東北の山中に隠されていたとしか言いようがない。

降幡廣信の世界　161

藤助の湯 ふじや
2002年 移築再生
岐阜県大野郡白川村平瀬

　白川郷のある白川村役場の村長に面会にうかがったが、会議中でまだ1時間ほどかかるということだったので、待つ間、村の中を車で走った。通りかかった平瀬温泉の一軒の宿の入口の「全国秘湯の湯会員」の掛札が目に付いた。

　今までも、何軒も秘湯の宿の設計をさせていただいていたので、懐かしさのあまり車を停めて立ち寄った。女将に挨拶したところ、目の色を変えて「これは、ご先祖様のお引き合わせです。今朝も娘が、新館の設計は降幡先生にお願いしたいと言っていたところです。」と、その事情を説明してくださった。

　そこから計画が始まり、ふじや旅館の隣の土地に、娘さんの始める新しい温泉旅館「藤助の湯　ふじや」として、近くの宮川村の古民家を移築再生し、白川地方の特徴を生み出すこととした。現在、平瀬温泉の注目の旅館になっている。

左頁／暖炉を中心としたロビー
上／フロント前の畳の間。古民家のオウエの間が偲ばれる
左下／野趣あふれる浴室
右下／正面外観

降幡廣信の世界　163

安曇野高橋節郎記念美術館 旧高橋家主屋
2003年 再生
長野県安曇野市

　設計・宮崎浩（プランツ アソシエイツ）による新しい高橋節郎美術館が、生家に接して創られることになり、高橋先生の生活環境をも合わせて広がりをもたせています。そこにある生家の主屋と土蔵を再生して、展示の場としながら昔の趣も残しました。

主屋について

　ここは、かつての日本の標準型間取りの民家でした。田の字型に四ツの部屋で構成されていたため、四ツ間取り住宅とも田の字型住宅とも呼ばれて来ました。入口には農家として必要な広い土間が設けられています。

　この地方の農家の屋根は萱葺が一般的だったので、萱葺屋根の高橋家はこの地方の農家の標準型住宅の見本として残されたことになります。但し、戦後、奥へ2間増築されて六ツ間取りとなっていましたが、今回、2間を取り除いて土間を拡げたために、部屋は四ツ間取りとなり、元の型に戻っています。

左頁上／主屋外観
左頁下／続き間（四ツ間取り）の座敷
165頁／土間の壁にある展示ケースと奥に座敷を見る
166頁〜167頁／土間から座敷を見る

降幡廣信の世界　167

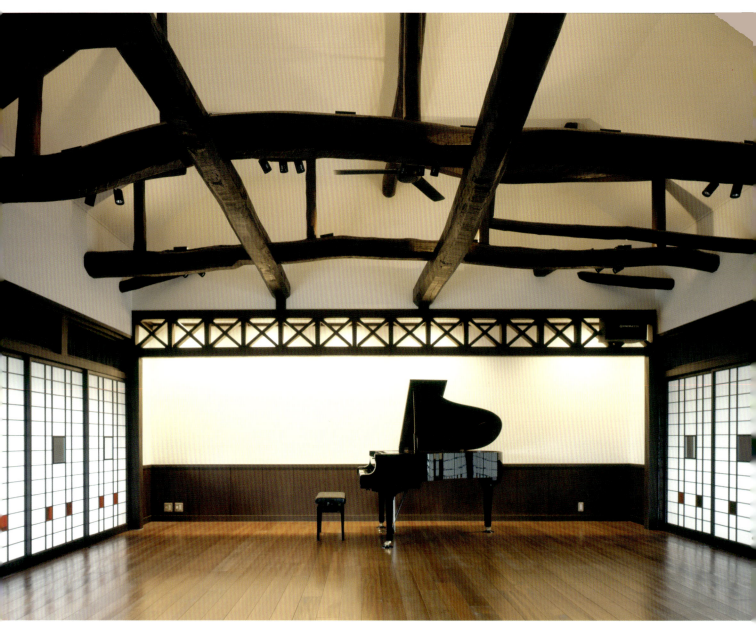

冨士屋Gallery 一也百
2004年 再生 大分県別府市

　別府温泉の冨士屋旅館は、1898年（明治31）創建であり、当時の写真を見ると周辺は茅葺きの家が建ち並び、田舎に新しい近代的な旅館が立ち上がったように見える。

　当時から別府は近代的な温泉街、観光スポットとして、めざましい発展を遂げた土地だが、その中核には冨士屋旅館があって、常に大役を果たしてきたことがうかがえる。

　2000年3月、その冨士屋旅館の安波利一さんと泰子夫妻からお手紙をいただいた。ご主人の利一さんが体調を崩され、祖父の建てた旅館を今まで引き継いできたが、廃業しようとしているなか、古い建物をどうすべきかの思いを廻らせて私に相談があった。そのことから話が進められて、試行錯誤の結果、安波さんの次女治子さんが家を継ぎ、全体を残して住宅と多目的ホールとして再生する結論が出た。

　メインホールは2階にあって、明治の日本建築の屋根の特徴ある構造をそのまま残し天井デザインに使って雰囲気を出している。明治の部屋も再生して、客室や控室としている。

　2002年起工式をして、地元の方々と別れを惜しみ、2004年2月竣工。コンサートのほかにも、各種の会や展覧会を催している。

左頁上／ホール
左頁下／玄関廻り外観
上／ホール壁面詳細
下／座敷の床の間を見る

降幡廣信の世界　169

石川醫院
2004年 新築
長野県松本市

　松本駅から私の設計事務所に向かう国道の途中に、内科医院を開業したいと言って、若い先生が事務所に来てくださった。他所の設計事務所にも相談したが、改めて私のところに来てくださったということだった。

　初対面の印象は、環境に恵まれて今日に至った、育ちの良い上品ななかにも、勉強熱心で「美」に対する感性が豊かな医師であることを感じた。

　設計の打ち合わせで、洋風好みではなく、和風好みで、とくに清潔で軽やかで繊細なものを好まれることも分かった。そこで、緑の中に和風の数寄屋好みの漂った医院が発想された。おかげで、好評で、待合室にいる間に気分が良くなると言ってくださる方が多いと評判である。

　工事は仕様材料の質感と職人の手仕事に注意を払って行われた。

上／木や紙の優しさや温か味を感じる待合室
下／待合室から庭を望む
右頁上／庭と繋がっている診察室
右頁下／庭に面した診察室を見通す

降幡廣信の世界 171

さやの湯処
2005年 再生 新築
東京都板橋区

　東京板橋区のこの辺は、かつてはすすき野原で鷹狩りの場所だったと言われている。時代も進み、やがて日本の工業の発展と歩調を合わせるが如く変化し、戦後は町工場が立ち並ぶ場所に変わっていった。この地で先々代が金属圧延の特許をとって会社を営み、当時工場のあった場所は1995年から商業施設になっている。道を挟んで残された、広い住宅の敷地が「さやの湯処」となったのである。2005年12月のことだった。

　浴場は、関西では「風呂」と呼ばれるが、東京では「お湯」と呼ばれてきたという「さやの湯処」の名前も納得できる。元来、「お風呂」と「お湯」は異なるもので、「風呂」は熱気や蒸気を満たした室内で蒸された体をこすって汚れを取り、「お湯」は豊かな湯の中へ体を浸して温め、血液の循環を良くしながら汚れを取る方法だという。

　「さやの湯処」を正面から見ると、唐破風と呼ばれる特殊な屋根が付いた門の入口から、向かって左側の高い建物が新築した浴場部分で、右側はかつての昭和の民家を再生した食事処になっている。唐破風の門は、昔は最も格の高い人の出入口に使われたものである。また、戦前の公衆浴場では、看板のように唐破風の屋根が付いていた。「さやの湯処」の正面入口に、日本の伝統の形態を取り入れた理由はそこにある。

　日本文化の特徴は、「自然との調和」と言われているが、それを民家と庭園の調和に見ることができる。「さやの湯処」に用いられた民家と庭園は、先祖が大切にしながら子孫に引き継いできた、日本家庭の伝統的な子孫への思いやりと祖先への尊敬の念によって、自然との調和を崇高に見せてくれる。

　祖先から受け継いだ谷口家の住宅は再生され、「さやの湯処」の食事処となり、引き継いだ庭園と一体となって際立った魅力をかもし出している。

　古い建物を活かした食事処は、歴史を刻んだものだけが持つ独特の落ち着きを漂わせ、そこからの庭の眺望は、入浴を終えた人々に深い感銘を与えてくれている。

　庭園は、浴室部分と食事処部分の両者を隔てながら、かつ両者に自然の安らぎを提供している。稀に見る銘石揃いの庭石は、石好きだった先々代の情熱によって集められたもので、他所の庭ではあり得ないほどの石の魅力で満ちている。

　日本人ほど入浴好きな国民は珍しいといわれる国にあって、近年、全国の都市にスーパー銭湯が数多く登場し、概ね成功しているようだ。その理由は、夏暑く冬寒い日本の気候にあるように思う。蒸し暑い夏の汗による不潔感の解消には、入浴に勝るものは他にないだろう。冬の寒さをしのぐ上でも、体の内から温めてくれる上、全身の清潔感を持つことができるからだろう。

　しかも、入浴が体の疲れを癒したうえ、心にまで繋がっているところに、スーパー銭湯の成功の鍵があるのではないだろうか。その意味で、入浴の快適さは元より、その前後のあり方が大事な意味をもつように思う。

　激戦のスーパー銭湯業界にあって、毎年入場者を増やし続け、全国にも名を轟かせている理由はそこにあるのだろう。

172頁〜173頁／玄関ホールと食事処を結ぶ渡り廊下
左頁／屋根まで吹抜けの中廊下
上／唐破風の門と正面に設えた銘石が来客を迎える

降幡廣信の世界　175

丸山敏雄先生生家
2006年 新築
福岡県豊前市

**倫理研究所・創始者
「丸山敏雄先生生家」**

　倫理研究所の創立60周年記念事業として、創始者・丸山敏雄先生の生家を復元することになっていた。竣工は2006年5月と決められていた。その設計を依頼されたのは2003年3月だった。

　生家は茅葺き屋根で、四ツ間取りの一般的農家だと分かっていたが、地方ごと内外に特色があることから、現在この地方に残されている同類の民家を見て廻り、生家設計の下準備とした。

　廻ったところは、地元の豊前市から大分県中津市、杵築市にまで及んだ。同時に生家に生活感を出すために生活感のある古い民家を探し、生家に使用することにした。その結果、不思議なご縁で理想的な民家に杵築市で巡り会うことができた。2004年2月6日のことである。これにより、生活感の染み込んだ古材を生家に使えることになり、長い歴史をもった丸山先生の生家に相応しい家が出来上がることとなった。

　引き続いて、隣地にあった倫理研究所「天和会館」(178頁～179頁)をつくり替えることになって、設計を依頼された。そこは現代的会館であり、茅葺きの古民家調の生家とは対照的外観と内部であるが、そこに漂う内面的なものとの調和を図って設計させていただいた。

上／正面外観
下／囲炉裏の間と座敷
右頁／土間から座敷を見る

176

天和会館
2008年 新築
福岡県豊前市

左頁／玄関廻り外観
上／会館内部
下／客室

料理宿 やまざき
2007年 移築再生
福井県丹生郡越前町

上／玄関土間とホール
右上／玄関前
右下／正面外観
182頁／食事処
183頁上／2階大広間
183頁下／眼下に海を臨む浴室

　越前海岸で越前ガニを提供する旅館を経営なさっている山崎さんが、60年間使用した木造の旅館を鉄筋コンクリートにつくり替えて35年になった。新築当初は、これで永久に建物の心配をしなくてすむと思ったそうだが、海からの潮風による傷みが段々進み、鉄筋コンクリートの寿命の限界と考えて、私に相談してくださった。

　相談の結果、現在地から南に150メートル程離れた所に木造の温もりをもった"癒し"をかもす旅館をつくって、本物の越前の味を提供したいということになった。

　設計の方針が決まったところで、我社から出て金沢市で設計をしている赤坂君の協力で進めることになった。そのうえで、松任市の宮田家を移築再生することにした。この民家は以前に拝見したことがあったが、北陸なればこその風格をもった古民家であった。拝見した時の感激は今も忘れられない。しかし、素晴らしい建物であればある程、見捨てられた姿が哀れに映った。

　あれから何年経ったのだろう。よくぞ無事でいてくれたという思いだった。「料理宿やまざき」のために、人目につかない場所に隠されていたとしか言いようがない。この民家だったら、山崎さんのコンセプトと合致する特徴ある旅館になることは間違いない。

　この民家は、たくましい木材が巧みに使われていることが特徴で、永い歴史から生まれた風格を備え、見る者を敬服させる力があった。また、建具等も今日ではつくることができない本格的なもの

だった。この民家が、二代目のやまざき旅館に代わって三代目を担うこととなった暁には、鉄筋コンクリートの旅館にない魅力で、末長くここ越前海岸の風土を証し、お客様を満足させてくれることだろう。

事実、生まれ変わった建物全体から喜びがあふれていて、来客からは予想以上の満足感が伝わってくる。内部の古い木材によるダイナミックな構成には皆目を見張っている。そこに調和があり落ち着きがあるからだろう。併せて、焼きガニの香りにさえも調和が感じられる。お客様の「料理宿やまざき」に対する評価を高めている。

「やまざき」の前面道路は、温泉旅館が立ち並んだ旅館街である。道路を挟んで山を背にする旅館と海を背にする旅館とは対面している。海を背にする「やまざき」の一部は直接海に接し、眼前に連なる海岸線に押し寄せる波の迫力を楽しむことができる。

道路に面した正面脇には、旧宮田家の白壁土蔵を配し、中央には門を設けて白壁の塀を廻らし、門の前に松を配して宮田家の風情を再現しながら、本格的な旅館の構えをもたせている。

これらのことが評価されたのだろう、2010年グッドデザイン賞に選ばれた。2018年にはイタリアの世界デザインコンペの銀賞に輝いた。

再生された今日の料理宿「やまざき」の姿を、民家を所有されていた宮田家の方々が見られた時、どんな想いを持たれたことだろうか。感涙の様が目に浮かぶ。

降幡廣信の世界 183

石井邸
2012年 新築
東京都町田市

降幡廣信の世界　185

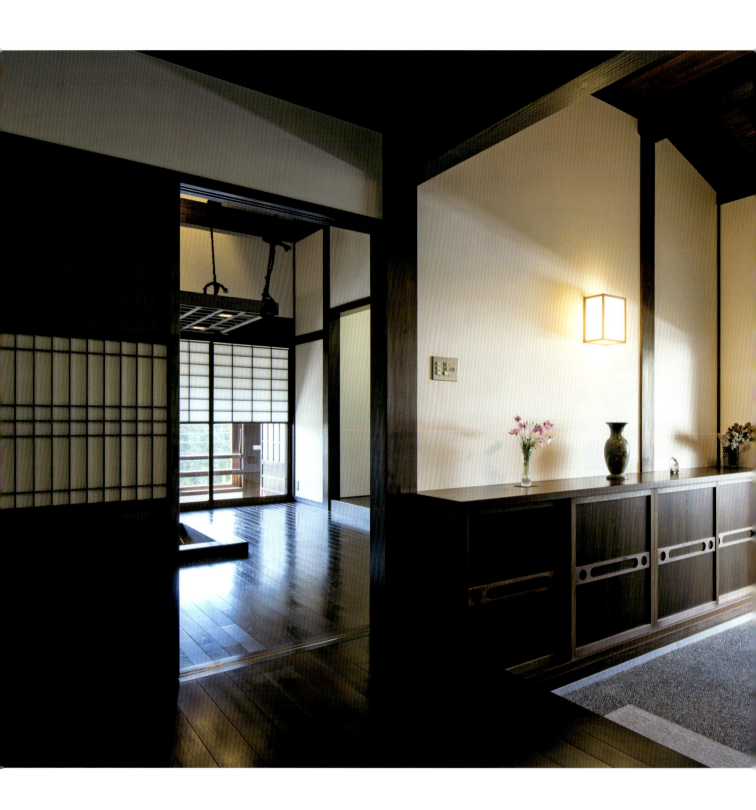

　近年、マンションに生活していた石井さんが、「終の住処」の場所として選んだという玉川学園の敷地を拝見して思ったことは、石井さんの過去の生活の場の思い出が、この場の選択に繋がっているのではないだろうかという思いだった。そんな思いから、過去に住んでいた家のことをお聞きしたところ、ここに近い町の郊外の、大変広い敷地のお屋敷に生まれ、豊かな生活を味わった過去があったことを知って納得したのだった。

　今回の敷地は、南に2ｍ以上低い前面道路をもつ斜面で、環境もアクセスも良く、陽当たりも眺望も最高の場所である。宅地になる前は原野だったという。やや急な斜面の敷地であるため、建築にあたっては、平地とは違った特殊な工事を必要とした。中程の土を切り取って前面道路より3ｍほどの高さに平地を設けて、車の登れる広場とし、そこに車庫・倉庫・外階段等を設けた。木造の住宅は、倉庫の上に設けることになった。それが

南に面して広がりのある眺望をもった住宅となった理由である。

　玄関を入った正面には、一般的な玄関ホールがある。一方、左側の格子戸の奥の土間は、客室用前の客用の玄関となる。そこは二間つづきの客間に通ずる。玄関ホールを右に折れると、中央に囲炉裏のある応接室と、それに向かい合う茶の間がある。この2室の南側窓には明るく気持ちの良い眺望が展開する。

　1階の客間以外、外部も内部もすべて

木材は色付けがされている。眺望も陽当たりも良い、高台の住宅であるために、風などによる不安感の心配もあって、全体として素朴ななかにたくましさが感じられ、安心感を伴うものにするための木材の「色付け」である。

184頁~185頁／囲炉裏の間
左頁／玄関
上／続き間の座敷
下／正面外観

降幡廣信の世界　187

渡邉邸
2013年 再生
愛知県津島市

　愛知県津島市は人口6万人の市であるが、そこにある津島神社は600年の歴史をもち、尾張津島天王祭は重要無形民俗文化財に指定され、日本三大川祭のひとつに数えられている。しかも、2016年には「山・鉾・屋台行事」としてユネスコの無形文化遺産に登録された。渡邉家・岡本家(154頁～157頁)は、津島天王祭を守り支えて今日に至っている名家である。
　ご両家はともに街中にあって、津島の町の歴史を背負ってこられたことが、通りかかりの外観からも偲ばれるが、今回『住宅

　『建築』誌によって津島の重い歴史を背負った両家の内部をご覧いただけることになった。

　渡邉家のご当主は19代、550年余の歴史をもつ豪農の家柄である。今回再生した家は、1809（文化6）年につくられていた。200年の歴史のなかで、過去のご当主が時代背景とそれぞれの好みによって、内部の模様替えがなされていたので、様式の決まっていない自由な趣をもっていた。今回もそのことを大切にして、古い趣味を活かすことに努めた。そのためには、老化が進み見苦しいところもあったが、すべて元通りに復することで調和を保つことができた。当時のご当主が喜んでくださる想いが部屋毎に感じられる。

　とくに先代は、新しい趣の玄関と応接室を取り入れた現代的住宅に模様替えをされていた。

　再生にあたっては、農家の生活の主役ともいえる当時の土間を今日の主役に据えながら、農家であった過去を証しすることとした。

　土間の入口は正面と向かって右奥にあって、それぞれ土間内部の印象を異にする。これが19代におよぶ渡邉家の第一印象となっている。

左頁／内玄関から寄付き、表玄関を見る
上／土間
下／庭から見る外観
190頁上／1階の書院
190頁下／1階の「扇面の間」
191頁上／2階の「函月楼」。天井は網代張り
191頁下／2階の「桜の間」

降幡廣信の世界　189

降幡廣信の世界　191

阿部邸

20014年 移築再生
愛知県半田市

左頁／玄関土間から座敷を見る
上／玄関脇の応接室
下／前面道路から門へアプローチを見る
194頁／広縁から北側の主庭を見る
195頁上／2階予備室
195頁下／アプローチから門を振り返る

降幡廣信の世界

　ここは愛知県・知多半島。古い歴史をもつ半田市の一隅で、主人は市内の病院長で、奥さんはそこの歯科を担当している。

　このようなお仕事柄、お住まいには心の緊張をほぐす癒しの雰囲気が常に醸しだされていることが必要であろうと考えた。ご主人の院長先生も設計の段階から、病院の職員にも、患者さんにも立ち寄ってもらって、住宅に漂う癒しの雰囲気に浸ることを考え願っておられた。

　使用した木材は、雪の多い厳しい自然の新潟県糸魚川市郊外の古民家に使用されていたものである。住む人がいなくなって、寂しさが漂っていた古民家だったが、使われていた木材は力強く、また美しく構成されていた。そこに、その地方、糸魚川独特の伝統文化を垣間見る思いがした。

　その民家が暖かい知多半島の一隅に移されて、心豊かさが漂う住まいとなった今、どんな想いで過去を振り返っていることだろうか。心があるとしたら聞いてみたい。幸せな想いに浸っていることを

　願いながら。

　この周辺の地形の影響で、敷地南側の前面道路は東方へ傾斜している。敷地の面積が充分あるために、玄関のアプローチをはじめ、建物の前後にゆったりと余裕を設けることができた。

　玄関には特徴がある。広い土間と高い吹抜けをもっているうえに、土間が奥の部屋に延び、さらに奥庭に通じていることである。玄関に入って左側が、二間続きの畳敷きの客間。右側が西洋式の広い居間となっていて、2階へは居間の隅にある階段で上がる。2階のそれぞれの部屋は、大きくてたくまし木材による豊かさの漂う寝室である。中廊下のコーナーには主人の書斎があって、誰とでも話し合える。

　ここに使われている木材のもつ落ち着きは、雪国における長い年月を家を支え、人を守り、耐えてきたことによるたくましさである。

　前面道路に面した庭は、道路より高いために、通路を延ばしながら、途中に低い階段を何カ所も設ける方法をとっている。門から玄関までは、音楽では前奏曲といわれる場所である。心を整えながら歩を進め、玄関において気持ちの良い挨拶を交わす準備の場である。気持ち良く歩を進めることのできる景観に配慮するべきである。

　北側である主庭は、日本の自然を象徴していて、毎日眺める家族にも日本の自然のもつ気持ちの良さを提供し、来客には丁寧に迎えてくださっている家主の気配りを味わえるものでありたい。

降幡廣信の世界　195

降幡廣信のみた世界

「蓮畑暮色」第 14 回国際写真サロン入選

私と写真

戦争中、東京から地方へ多くの方が戦禍を逃れて疎開されたが、戦後もしばらくその場に滞在しておられる方も多くおられた。

そのなかで、豊科町の古い料亭を借りて、戦後も移り住まわれていたのが資生堂の初代社長・福原信三さんであった。

福原信三さんは、写真が記録のためのみに使われていたものを、芸術の分野へ引き上げられた方で、ご自分がその実例を作品で実証されるために多くの作品集を残された。そこでは、写真の写し方によって鑑賞に値する芸術作品が生まれることを見せてくれていた。又、日本写真会会長をはじめ多くの写真の会に関係し、指導に当たられた。

私の中学3年の当時、私の友人が、奥さんとお二人暮らしの福原さんの家の雑用のお手伝いに行っていた。友人の私達も度々お手伝いをしに出掛けた。その時、福原さんが若い者に話したり、若い者の話を聞くことを楽しんでおられたので、私は度々お邪魔してお話をお聞きした。

そのなかで福原夫妻を通じ、写真の作品を見せていただいたり、写真芸術や美についてのお話をお伺いすることが度々だった。

年が変わり、中学を卒業し東京へ勉強に行くことになって、父親からカメラ（ミノルタ・フレックス）を買ってもらった。カメラを使い初めて撮るものすべて美しく写ったことに気を良くし、段々深く入って、写真にのめり込み、度々賞を受けるようになった。

そして、夢に見ていた、第14回国際写真サロン（1954年）に25歳で入選した。引き続き、国展に入選し、サンパウロ国際写真サロンに出品するため、日本から選ばれた何点かの中に私の「田園風景」も入れられて出展した。

そのようななかで私は、将来の写真家として期待されたのです。

これも若い時に、福原さんの人格に触れ、作品に触れることができたからに外なりません。今も福原夫妻に対する感謝の念が込み上げます。　　　降幡廣信

「春木立」国展入選

長野県白馬村にて「農家入口付近」

長野県安曇野市にて「農家裏口付近」

私とスケッチ

今だったら、何でもカメラが簡単に記録してくれるが、私の子供の頃は紙に記憶を画き残さなければならなかったので、スケッチのできることはいろいろに有利なことが多かったと思う。

私は中学生の頃から、スケッチ・ブックを持ち歩くことを習慣としていた。

同じ村の若い日本画家が、家業の建築を職業とするために、スケッチをすることをすすめてくれたうえ、私も絵を画くのが好きだったからだ。

見た場面のスケッチには、その場所のその時の思いが紙面と共に心に残って忘れられないし、さらに鉛筆だから消して画き直す楽しみもまた、捨て難い。

自分の手による鉛筆のスケッチには、鉛筆の線に味わい深いものがあって、大切に残し、見返すことがまた、楽しい。スケッチした当時のその時その場面が思い出されるなつかしさは又、格別である。

建築の設計でも想像する場面をスケッチで素早く紙に残し、後で手を加えて完成することになる。だからスケッチが基礎となる大切な意味をもつ。建築のスケッチでは直線や平行線を引く必要があるから、そのための基礎訓練が必要になる。一直線や平行線は引けるようで引けないのです。

ここにお目に掛けますのは、私の若かった頃の民家のスケッチです。写真とは違った味わいがあって、不思議な魅力が漂っているようです。

○スケッチ
・安曇野市三郷温の農家の前庭と、裏口附近の2枚（203頁・205頁）。
・白馬村の山麓の農家の外観と正面附近（202頁）。

安曇野市と白馬村の自然環境の違いを感じて頂ければ幸甚です。　　降幡廣信

204頁・206頁〜207頁スケッチ＝降幡建築設計事務所設計の建物のイメージスケッチ

長野県安曇野市にて「農家前庭」

婦人服の店。新築

土蔵を活かして新築住宅

ビル内の食事処

倉敷の町家を店舗に

松本のビル内の食事処

倉敷の町家を店舗に

降旗廣信の世界　207

秋山実のみた世界

鉋刃／1寸6分／「綾濤」／千代鶴是秀／昭和21年

道具鍛冶 千代鶴是秀

　我が国は豊かな森林に恵まれたため、城から神社仏閣、民家にいたるまで秀れた木造建築がつくり続けられて来ました。それらの建物をつくり続けた工匠たちは、より良い仕事をするために、毎日使用する手道具から極たまにしか使わないものまで、使いやすく精度の高いものを道具鍛冶に要求。道具鍛冶はその厳しい求めに応え、素晴らしい道具をつくり続けてきたのでした。

　とくに明治初めに廃刀令が布告されたため、道具鍛冶に転向した刀匠も多く、大工道具の質が一段と向上したと言われています。

　千代鶴是秀（本名・加藤廣）も刀匠の三男として1874（明治7）年に東京で生まれましたが、刀匠から転向した叔父の元で修行、1892（明治25）年から「千代鶴」銘を使い始めました。

　一般的に鉋、ノミ、鋸などは、それぞれ専門化した道具鍛冶がつくってきましたし、その方が上質の道具を安定して供給できたわけです。

　しかし、千代鶴是秀は研究熱心で、好奇心も強かったようで、丹念な火造りで高品質な各種の道具をつくりました。例えば、朝倉文夫には各種彫刻ノミの他、植木鋏、折畳み鋸など植木道具一式を作っています。他にも、火箸、ディバイダーから登山で使うピッケルまでつくっているのには驚かされます。

　また、1945年敗戦前後の厳しい時代につくられた大工道具を見て、なぜ、これほど美しい手道具がつくれたのだろう、と不思議に思うと同時に尊敬の念を禁じ得ません。

　私が大工道具を撮り始めたのは1966年ですから、もう半世紀以上になります。主として東京世田谷区三軒茶屋の土田刃物店（土田一郎、昇両氏）から名品ばかりお借りしてくるのですが、それらの中でも、千代鶴是秀の作品は品格があり、その造形美に引き込まれます。まさに「用の美」なのです。ですから説明的にではなく、その造形と質感を捉えることを目指してきたつもりです。

秋山実

鉋刃／1寸4分／「あしたの夢」／千代鶴是秀／大正3年

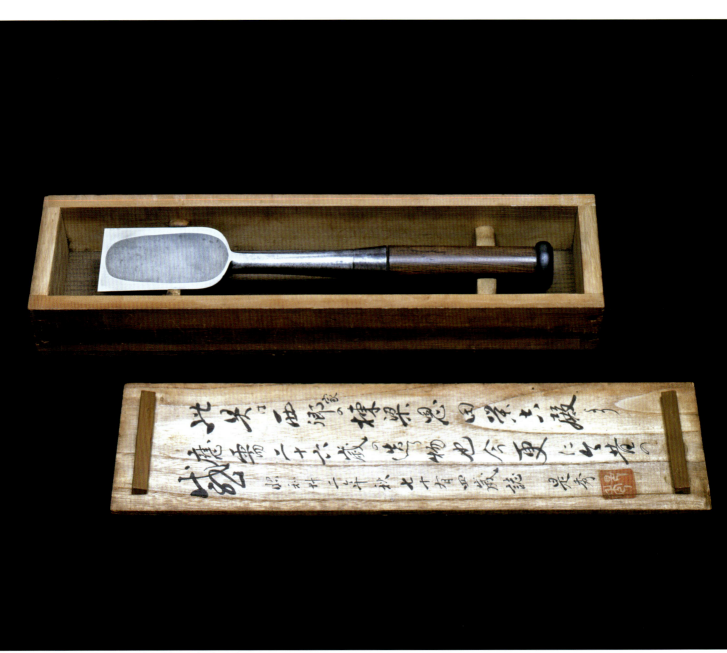

叩きノミ／1寸8分／千代鶴是秀／明治33年

脇取り鉋（中脇）／千代鶴是秀／明治20年代／溝道具で、主に敷居や鴨居の溝の側面を削る時に使用する

脇取り鉋刃／大脇左右／千代鶴是秀／昭和24年／溝道具で、主に敷居や鴨居の溝の側面を削る時に使用する

切出し／刃渡り／1寸7分／千代鶴是秀／昭和13年

外丸ノミ／8分／「名残」／千代鶴是秀／昭和21年

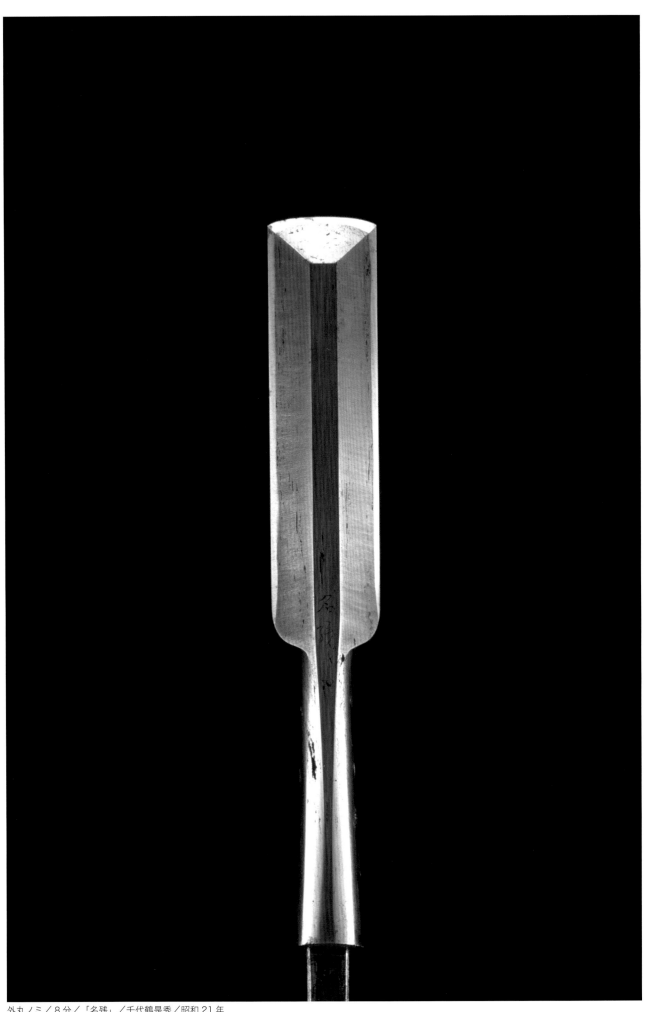

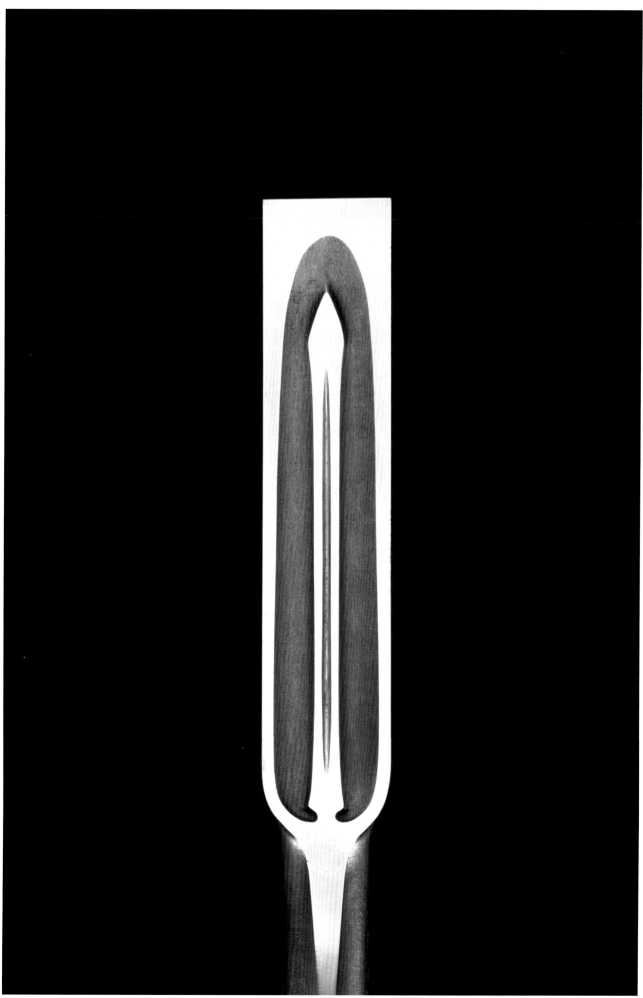

大突ノミ／８分／「天爵」／千代鶴是秀／昭和26年

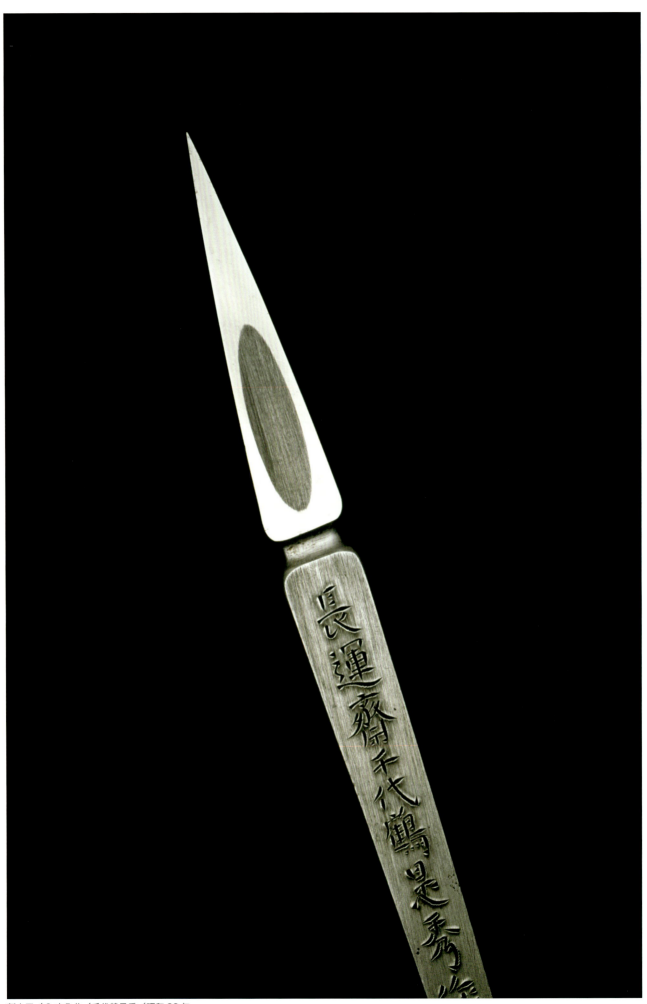

刳小刀／2寸5分／千代鶴是秀／昭和22年

剣錐／「藤四郎」／千代鶴是秀／昭和28年頃／ノミの束など硬木の木口の穴開けに使用する

おわりに

民家再生の 40 年を顧みて

　1982 年、不思議な導きによって民家の再生の仕事は、松本市の草間家（81 頁〜 83 頁掲載）から始められた。その再生工事を振り返るとき、そのとき、その場で、私の胸を刺す言葉に導かれ、助けられ、励まされて、民家の再生を成し遂げることができたことを思う。

　胸を刺す言葉は、20 代の若き星野邦子さんからだった。当時の私は、周辺にある老化した民家での惨めな生活を見て、民家を若返らせ病んでいる建物を健やかにして、そこでの生活を明るくする務めがあると考えて、模様替えや増改築をしながら古い家と付き合っていた。そのことを知って、彼女は私のところへ来たのだった。当時の社会は、建設の仕事は新築がすべてで、古い家のことは眼中になく見捨てていた。彼女は大学で建築を学び、故郷の群馬県の工務店で建築の仕事に携わっていたのだが、古民家の仕事を深く学びたいという思いを抱いて私の事務所に来たのだった。

　そこで彼女には、異郷である信州の古民家調査を通して学び、民家の生活の質を高める方法を探ってもらった。午前中、古い民家を一カ所訪問して、民家の内容と生活の現状を調べて、今後の課題について提案し、昼に帰って私に報告することを日課としていた。

　ある朝のことだった。松本市の古民家を訪問して帰るなり、いつもと違い、「所長！　もし所長が良心的な建築家だとしたら、草間さんをこのまま見捨てることはできないはずです！」と血相を変えて、私に迫ってきた。彼女にとっては、いままで見たことも想像したこともなかったほどに惨めな生活を目の当たりにして、世間の人はどうして手を差し伸べることをしてやらなかったのだろう？　「降幡だったら思いやりがあるはずだから、見捨てることなく手を差し伸べてくれるに違いない。」という思いからの言葉だったことが私にも分かった。

　早速、一緒に草間家に向かった。切妻の大屋根が見えたとき、それが「本棟造り」の民家だと分かった。到着して大戸をくぐり、土間に入って内部を見渡し、天井を見上げて思った。これは、私にできる内容ではないから、ご主人に会わずに帰ろうと、入口の方へ戻ろうとしたそのとき、彼女の「良心的」「見捨てる」の二つの言葉が私の胸を刺した。

　そこでまず、ご主人にお会いして話を聞き、こちらからも考えをお話しした。「こんな状態ではお困りでしょう。雨漏りだけは私が防いでさしあげます。」と申し上げた。

　次の日、屋根に掛けるシートを持って社員が出向いたが、危険でとても登れる屋根ではないと言って、そそくさと帰ってきてしまった。雨漏りしている長板屋根の上に、近所から出た古瓦が雑然と並べられていたからだ。そのことが、大晦日に長野の勤務先から帰省した息子さんに伝わり、息子さんが直接私に会いたいと電話してきて、1 月 2 日に改めて私が草間家を訪問することになった。

　新年 2 日の午前、草間家のご令息啓介さん夫婦とお会いした。挨拶を交わしてからの息子さんの第一声は「私は、一時もこの家のことが心から離れたことはありません。この家は良くなりますかね？」と話す息子さんにとってもたいへん重い言葉だった。私はゆっくり返事の言葉を探した。そのときだった。あの「良心的」と「見捨てる」の二つの言葉が再び胸を刺したのだった。

　私は思わず「良くなりますよ！」と言ってしまった。息子さんの言葉は胸の奥からの叫びであり、古民家自体の直接の叫びだったからだ。「良くなりますかね！」の言葉には「良くなります

よ！」しか答えはなかったのだ。そのとき私は、この草間家と真剣勝負で取り組む決心をしたのだった。民家再生第一号となる第一歩が踏み出された。

　草間家が竣工したのは、1982年の暮に近かった。大きな本棟造りが輝いて見えた。最初に所員の星野さんと来たときのことが夢のように思い出された。再生されて明るくなった土間の玄関におうかがいすると、老夫人が入口の板の間に両手をついて、床に顔を摺りつけるようにして、「夢のようです」と涙ながらに感激に声を震わせて、喜びを現わしてくださった。完成してから半年以上経って訪問しても「夢のようです」の言葉は続けられた。これは、日常生活の違いを通じての実感だったのだろう。この言葉は、民家の喜びの声そのものにも聞こえた。

大分県臼杵市では魅力ある「町並み再生」へとつながる

　翌年、1983年『住宅建築』9月号に、草間家が他の再生住宅と共に掲載された。再生された草間家を通じて、適正な再生工事を施せば、十分現代生活に耐えることを実証したことで、大きな反響があったなか、遠い九州・福岡在住の若夫婦から問い合わせがあり、11月わざわざ2歳の長女を連れて、安曇野の私の家まで来てくださった。

　その発端は、若い奥さんが『住宅建築』によって私のことを知ったからだ。ご主人は「どうして遠い安曇野の設計者でなければならないの。福岡にも設計者は多くいるでしょう。」と反対されたが、奥さんの決意は固かった。

　その若夫婦の福岡から故郷・大分県臼杵市に帰り、家業を継ぐ立場にあるため、歴史ある臼杵の町につくる新居は草間家のような再生の家に住みたいという強い願いをもって相談に来られたのだった。

　翌1984年、私は臼杵市を訪問して現地を拝見。設計にはいり、1985年9月、若夫婦の小手川家住宅と近隣店舗等の再生工事（116頁〜117頁掲載）が完成した。そして、1986年『住宅建築』12月号に掲載されて全国に伝えられた。

　小手川家の再生工事が契機となって、近隣が臼杵らしさをもった町並みに一新された。この場面を見た市長をはじめ多くの人々が、臼杵の町づくりは新築の方法ではなく、再生にすべきである。このほうが昔の歴史が感じられて、落ち着きのある臼杵の町になる——ことが、よく分かり、納得していただいて、臼杵の町並みの復活に寄与することとなった。

　このことは、他所の市や町による再生にも反映されることも考えられよう。

　そして今日、関係した古民家再生が300軒あまり、古民家を飲食店やギャラリー等に転用したものが90軒あまり。総計390軒あまりとなっている。再生を手がける若い建築士も増えているなか、以前とは社会的に古い建築への思いが変化している。かつての古い家が無視された時代を思うと隔世の感がある。

　私はかつて、文化功労章受章の関野 克先生が、「信濃木崎夏期大学」の来校に際し、安曇野・武井邸を参観の折のことを思い出す。安曇野に残された数少ない茅葺き屋根の再生をご覧になった後、「民家の再生の方法論を確立しなさい」とご指導、アドバイスいただいたことを思い出す。その先生の励ましは、1990年日本建築学会賞となって実現したが、この方法論を活用し、歴史をもった古い家を理解し、大切にする人が一層増えていくことを望みたい。

降幡廣信

降幡建築設計事務所
〒399-8102
長野県安曇野市三郷温 3310
電話 0263-88-4560
E-mail: info@furihata.co.jp
http://furihata.co.jp/

降幡廣信（ふりはた・ひろのぶ）

1929 年	長野県に生まれる
1951 年	青山学院専門学校建築科卒業
1953 年	関東学院大学建築学科卒業
～55 年	同大学建築学教室助手
1961 年	山共建設株式会社を継承（三代目）
1963 年	降幡建築設計事務所設立
1984 年～ 2003 年	大阪市立大学、信州大学にて講師を勤める
2013 年	事務所設立 50 周年

著書

『民家の再生――降幡廣信の仕事』建築資料研究社、1989 年
『現代の民家再考』鹿島出版会、1994 年
『民家再生の設計手法』彰国社、1997 年
『民家再生ものがたり』晶文社、2005 年
『民家再生の実践　ひろがる活用法とその設計』彰国社、2006 年
『民家建築の再興』鹿島出版会、2009 年
『民家の再生Ⅱ――転用事例編』建築資料研究社、2014 年　など

主な受賞歴

2019 年　A'Design Award 建築・構造設計部門 アイアン賞／Hillside Residence 東京都町田市
2018 年　A'Design Award 建築・構造設計部門 銀賞／料理宿やまざき 福井県越前
2014 年　松本市都市景観賞／女鳥羽そば 長野県松本市
2011 年　上田市都市景観賞／水野邸 長野県上田市
2010 年　2010 年度 グッドデザイン賞／料理宿やまざき 福井県越前
　　　　　第 12 回 長崎県木造住宅コンクール リフォーム部門 最優秀賞／永富邸 長崎県長崎市
2009 年　彩の国景観賞 2008 たてもの・まちなみ部門／花と音楽の館かわさと「花久の里」埼玉県鴻巣市
　　　　　第 21 回 松本市都市景観賞／石川医院 長野県松本市
2008 年　長野市景観大賞 住宅部門 (市制 110 周年記念事業) ／白壁の家（小林邸）長野県長野市
　　　　　民家再生奨励賞 (日本民家再生リサイクル協会) ／砂場ソバ店 東京都港区
2007 年　第 22 回 豊の国木造建築賞 特別賞／時枝邸 大分県宇佐市
2005 年　第 1 回 北九州ストック型住宅コンテスト最優秀賞／村上邸 福岡県北九州市
　　　　　別府市 HOPE 賞 最優秀賞／冨士屋ギャラリー 一也百 (はなやもも) 大分県別府市
　　　　　第 20 回 豊の国木造建築賞 協賛賞／川口屋旅館別邸久楽 大分県臼杵市
2004 年　佐久市 景観賞／恵谷別荘 長野県御代田町
　　　　　第 19 回 豊の国木造建築賞／冨士屋 大分県別府市
2003 年　第 15 回 松本市都市景観賞／静寧館穀蔵（奥沢土蔵）長野県松本市
　　　　　かごしま木造住宅コンテスト 2003 会長賞／外園邸 鹿児島県蒲生町
2002 年　佐久市景観賞／秋山邸 長野県佐久市
　　　　　第 15 回 長野市景観賞／郷土人形館＜ひなの家＞ 長野県長野市

　　　　　第 14 回 松本市都市景観賞／遠條商店の土蔵 長野県松本市
　　　　　第 14 回 松本市都市景観賞／同心小路（うらしま）長野県松本市
　　　　　第 14 回 松本市都市景観賞／同心小路（染・織　三六）長野県松本市
　　　　　第 14 回 松本市都市景観奨励賞／いちやま旅館 長野県松本市
2001 年　彩の国 さいたま景観賞／べに花ふるさと館 埼玉県桶川市
　　　　　上田市都市景観賞／山越邸と長屋門 長野県上田市
　　　　　第 13 回 松本市都市景観賞／蔵 長野県松本市
2000 年　全国木青連 木材活用コンクール優秀賞／松宝苑 岐阜県上宝村
　　　　　穂高町 景観賞／中垣邸 長野県穂高町
　　　　　第 12 回 松本市都市景観賞／降旗邸 長野県松本市
　　　　　金沢市 店づくり大賞／寿屋 石川県金沢市
1999 年　岐阜県 木美創出賞／松宝苑 岐阜県上宝村
　　　　　'99 しらかわ建築賞／塩田邸 福島県白河市
　　　　　第 11 回 松本市都市景観賞／蔵みーる・中町（浅田邸）長野県松本市
1998 年　長野市 第 11 回 都市景観賞／白壁の家（小林邸）長野県長野市
　　　　　とやま市都市景観建築賞／料亭　松月 富山県富山市
　　　　　第 10 回 松本市都市景観賞／丸山邸 長野県松本市
　　　　　小諸 町並み賞／御影陣屋宿所資料館 長野県小諸市
1997 年　第 9 回 松本市 都市景観賞／山村邸及び外構景観 長野県松本市
　　　　　第 9 回 松本市 都市景観賞／中町 蔵の会館 長野県松本市
　　　　　穂高町 景観賞／穂高キリスト教会 長野県穂高町
1996 年　第 8 回 松本市 都市景観賞／法祥苑 長野県松本市
　　　　　野沢町 温泉まちづくり賞／民宿 いけしょう 長野県野沢温泉村
　　　　　第 5 回 町田市 優秀建築賞／矢口邸 東京都町田市
　　　　　松川村 景観賞／榛葉邸 長野県松川村
1995 年　長野県 大北 景観賞／ホテル 河昌 長野県大町市
　　　　　金沢市 都市美 文化賞／割烹　寿屋 石川県金沢市
　　　　　第 1 回 久喜市 まちなみデザイン賞／久喜市 関根邸 埼玉県久喜市
　　　　　川越市 蔵詩句大賞／県立川越女子高校「明治記念館」埼玉県川越市
　　　　　穂高町 景観賞／ジンコーポレーション別荘 長野県安曇野市
　　　　　第 7 回 松本市 都市景観賞／ひかるや 長野県松本市
1994 年　第 6 回 松本市 都市景観賞／湯の原温泉街（すぎもと旅館）長野県松本市
　　　　　第 6 回 松本市 都市景観賞／湯の原温泉街（和泉屋旅館）長野県松本市
1993 年　第 5 回 松本市 都市景観賞／長崎邸 長野県松本市
1992 年　第 4 回 松本市 都市景観賞／松本民芸家具ショールーム 長野県松本市
　　　　　第 1 回 唐津市　優秀建築賞／菊池邸 佐賀県唐津市
　　　　　第 1 回 成田市 町なみ景観賞／成田 扇屋旅館 千葉県成田市
1991 年　第 3 回 松本市 都市景観賞／中町駐車場 長野県松本市
　　　　　長野市 都市景観賞／武井工芸店 長野県長野市
　　　　　第 3 回 仙台市 都市景観賞／仙台 道中庵ユースホステル 宮城県仙台市
1986 年　大分県 豊の国木造住宅賞／小手川邸 大分県臼杵市

〒146-0085
東京都大田区久が原 4-15-20
電話：03-3753-1519
FAX：03-3753-1579
E-mail: M-aki@g01.itscom.net
http://home.a06.itscom.net/akiyama/

秋山実（あきやま・みのる）

1930年生まれ。青山学院大学文学部英米文学科卒業。桑沢デザイン研究所リビングデザイン研究科（写真）卒業。大辻清司、北代省三両氏に師事。
1965年に新分野の工業写真家として独立。その後、大工道具名品と建築写真も始める。
1973年から大型カメラで顕微鏡写真を始め、結晶などの抽象写真を広告関係に使うという新しい分野を開拓。千葉工業大学、東京工芸大学（短期）、桑沢デザイン研究所、東京YMCAデザイン研究所などの非常勤講師を勤めた。
全国カレンダー展、全国カタログポスター展などで受賞。個展5回の他、協会展、グループ展、世界デザイン博など多数出品。
平成25年度 日本写真芸術学会　芸術賞 受賞

写真集など
『ミクロのデザイン』学習研究社、1986年
『ミクロ・アート』河出書房新社、1992年
『ミクロ・コスモス』河出書房新社、2003年
DVD『リキッド・クリスタル』ポニーキャニオン、2004年
『マイクロスコープ―浜野コレクションに見る顕微鏡の歩み―』オーム社、2012年

共著
『和風住宅』実業之日本社、1972年
『和風の玄関廻り詳細―降幡廣信作品30題―』建築資料研究社、1979年
『生きている地下住居―中国の黄土高原にくらす4000万人―』彰国社、1988年
『民家の再生―降幡廣信の仕事―』建築資料研究社、1989年
『日本の伝統工具』鹿島出版会、1989年
『西岡常一と語る木の家は三百年』農山漁村文化協会、　1995年
『千代鶴是秀―日本の手道具文化を体現する鍛冶の作品と生涯―』ワールドフォトプレス、2006年
『千代鶴是秀写真集①―是秀と先人たちが作り出した珠玉の手道具―』ワールドフォトプレス、2007年
『千代鶴是秀写真集②―鍛冶たちが引き継いでゆく日本の手道具文化―』ワールドフォトプレス、2008年
『民家の再生 II』建築資料研究社 、2014年

所属
公益社団法人 日本広告写真家協会　　　会員
一般社団法人 日本自然科学写真協会　　　会員
日本建築写真家協会　　　　会員
日本写真芸術学会　　　　会員

カバー表写真「大和邸」
カバー裏写真「三村邸」
カバー写真＝秋山実／表紙写真＝降幡廣信

写真家 秋山実による降幡廣信の世界

発行日	2019年11月30日
著者	降幡廣信・写真＝秋山実
定価	4,500円＋税
編集人	小泉淳子
編集所	㈲建築思潮研究所
	〒130-0026　東京都墨田区両国4-32-16両国プラザ1004号
	電話03-3632-3236　FAX 03-3635-0045
発行人	馬場栄一
発行所	㈱建築資料研究社
	〒171-0014　東京都豊島区池袋2-10-7　ビルディングK6F
	電話03-3986-3239　FAX 03-3987-3256
カバー・表紙デザイン	三村淳
印刷・製本	図書印刷㈱

ISBN978-4-86358-656-7 C3052